プログラム学習で学ぶ
行動分析学ワークブック

吉野智富美・吉野俊彦 著

学苑社

はじめに

　本書は、行動分析学のテキスト（教科書）です。大学などで行動分析学を学ぶ際に、本書を併せて読んでいただくことで、行動分析学への理解がより深まることを願って書かれています。したがって、本書は、第1の読者として行動分析学を初めて学ぶ学生のみなさんを想定しています。

　本書は、行動分析学を学ぶみなさんに学習していただきたい基本的かつ重要な内容を盛り込んでいます。執筆するにあたって、筆者らは2016年現在、日本で行動分析学の講座を開講している主な大学のシラバス（講義計画）を参照し、どの講座にもほぼ共通して取り上げられている基本的かつ重要なトピックスを洗い出しました。そしてそれらを学習しやすい順に構成した上で執筆しました。大学や大学院で行動分析学の講座を履修している学生のみなさんが、講義の予習や復習として本書を利用することで、さらに行動分析学への理解を深めていただけたらと思っています。

　行動分析学は心理学の中でも学習心理学という領域に分類される学問です。行動分析学は、「私たちそれぞれが、なぜある行動をするのか」「なぜある行動をしないのか」「ある行動は続くのに、別の行動はなぜ長続きしないのか」「同じような状況に置かれても、なぜ個人によってやっていることが異なるのか」といったさまざまな「行動のなぜ？」を科学的に理解し説明する学問です。そして、日常や臨床などの場面に実際に適用するための行動の原理をもった学問でもあります。

　そうした行動の原理を探るために、行動分析学は徹底的行動主義という哲学の上に、実験的行動分析学、理論行動分析学、応用行動分析学という3つの柱を立てています。つまり、さまざまな人がしている行動を共通した原理によって説明し、その原理を教育、福祉、医療、産業、スポーツ指導などさまざまな場面で適用して役立てようとする科学なのです。

　そこで本書は、第2の読者として、親や教師、保育士、医師、看護師、保健師、言語聴覚士、心理士など子どもを育てたり、子育て支援をしたりする立場にある人、医療や福祉領域で誰かを支援する立場にある人、企業などで個人や集団の行動をマネジメントしたりさまざまな課題を解決したりしていく立場にある人も想定しています。

　責任のある立場で誰かを支援したり指導したりする場合には、科学的な立場から理論や背景を理解し、共通言語をもって説明し、情報を共有していく責任があります。その一方で、行動分析学の原理を十分理解することなく、技法だけが適用されかねないという危惧を抱いています。「効果的であるから」とすぐに現場に取り入れられることで、マニュアル化されたテクニックとして行動分析学を使う、対症療法的な小手先の技術となってしまわないかということです。筆者らが臨床現場で出会ってきた事例の中には、「発達障害児はほめて育てればよい」「部下もほめて教育したらよい」、逆に「ほめると子どもはダメになる」「子どもの問題行動は無視すればよい」「恐怖症の治療にはエクスポージャーがよい」といった、いわば「○○という症状には△△療法」という医学モデルとして行動分析

i

学を扱っているような例があります。「どうしてそういった対応をしたのですか？」と尋ねても「その症状にはそれが効果的といわれているから」といった回答しか得られないときもあります。それで効果があればまずはよいのかもしれませんが、効果がなかったり、より事態が悪化してしまったりする場合には、それでは済まされないのです。

　このように、技法だけが一人歩きしないように、「なぜその対応をするのか？」に科学的な視点から説明できるようになるためには、基礎的な領域を含めた学習が必要となってきます。さまざまな現場にいながら行動分析学を学び、そこで応用していこうとしているみなさんが、具体的なイメージをもって基礎から行動分析学を学んでいけるように、本書では日常にある身近な例を多用しながら解説をおこなっています。

　それに加えて本書では、みなさんの自発的で積極的な学習行動を促していくために、次頁で解説するようなエクササイズとプログラム学習を適宜設けています。特にプログラム学習は行動分析学の理論を活かした1つの学習（勉強）方法です。行動分析学そのものを、まさに行動分析学の知識を用いて学んでいこうというわけです。

　本書は行動分析学を1から学んでいけるよう、基礎的な領域の学習からスタートし、それらが私たちの日常でどのように応用されているのかまでを解説しています。したがって、ページの最初から順に学習していくことをおすすめします。

　筆者らは行動分析学に関する教育や臨床活動をおこなっています。行動分析学さえあれば他には何も必要ないとは決して考えていません。一方で、行動分析学がさまざまな領域に適切に広まっていったなら、今よりもよりよい他者理解や生産的な問題解決がおこなわれていくと予測しています。私たち一人ひとりが、行動分析学の知識をもって、家庭、学校、大学、職場などで出会うそれぞれの問題に向かい合い、それらを理解し、解決へと進めていくことができたらなら、今よりもよりよい社会になるだろうと期待しています。

吉野　智富美

本書の目的と使い方

本書では、次の2つを大きな目標として掲げています。

> 本書の到達目標
> ①行動分析学の基本概念や専門用語を理解し説明できる。
> ②自分や他者の行動を行動分析学を用いて説明できる。

これらの目標を達成していくために、本書では行動分析学の学習にあたって、適宜**エクササイズ**と**プログラム学習（programmed instruction）**のコーナーを設けています。

エクササイズのコーナーでは、行動分析学を学習するみなさんが、私たちの行動のさまざまな側面について自由に考え、学習したことをもとにして新たな見方で行動を説明することを目的にしています。このコーナーでは、みなさんが自分のことばで自由に思考したり説明したりすることを重視していますので、1つだけの正解というものは用意していません。

エクササイズのコーナーでは、たとえば次のような設問を設けて、みなさんの自由な思考を促し、ご自身のことばで自由に説明をしてもらいます。

エクササイズ

> 近くで小さな子どもが泣いています。それを見ているあなたは、その子どもがどうして泣いているのか、どのように説明しますか？　どのような理由で、なぜ泣いているのかについて、あなたならどのようなことばを使って説明しますか？

一方のプログラム学習のコーナーでは、行動分析学がもっている概念や専門用語を、できるだけ効率よく無理なく学習していけるように、みなさんの学習をサポートする目的で設けています。ドリル形式のコーナーで、問題を読み、答えを書き、解答をすぐにチェックするという方法を採用しています。

プログラム学習とは、これから学習をしていく行動分析学の創始者であるアメリカの心理学者**スキナー**（Burrhus Frederic Skinner, 1904-1990）が考案した学習（勉強）方法です。新しい知識や学問を身につける際、その学習を効果的に進めていくために行動

分析学の見地を活かした点に特徴があります。

　プログラム学習では、学習すべき目標を決め、それを習得するまでのステップを細かく設定し、スモールステップで無理のない順に学習を促していきます。プログラム学習は次の3つのステップから構成されています（図1）。①学び手である読者のみなさんはこれから学ぶ内容の解説や説明文を読む→②続いてそれに関する問題や課題が呈示されていますから、それらに答える→③すぐにその場で自身の解答をチェックする。

　学習する内容をスモールステップで呈示すること、学び手の積極的な反応を促すこと、自分自身の解答をすぐにチェックすること、学習するみなさんが自身のペースで学習することを基本原則としています（Skinner, 1958）。

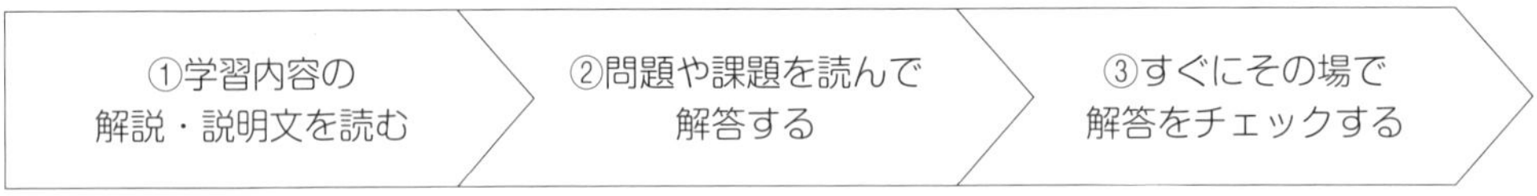

```
①学習内容の        ②問題や課題を読んで      ③すぐにその場で
解説・説明文を読む      解答する           解答をチェックする
```

図1　プログラム学習のステップ

ここで、プログラム学習が具体的にどのようなものなのかを体験してみましょう。

プログラム学習

学習日						
正解の数						

目標：プログラム学習の目的がどのようなものであり、具体的にどのような方法でおこなわれるものなのかを理解できるようになること。

課題：プログラム学習の説明をもう一度読み、次の文章の空欄にキーワードを入れてください。終わったら、すぐに答えを確認しましょう。

プログラム学習は、アメリカの心理学者🅐　　　　　　が創始した🅑　　　　　　の見地を活かした学習（勉強）方法です。

最初に学習の🅒　　　　を決め、無理なく達成するために課題を細かく設定します。これを🅓　　　　といい、無理のない順に学習を促していく点に特徴があります。

この方法は次の🅔　　つのステップで構成されています。
①最初に学習内容の🅕　　　　を学び手が読む。
②次にそれに関する🅖　　　　を呈示し、学び手の解答を促す。
③すぐに学び手は自身の🅗　　　　をチェックする。

解　答　🅐B.F.スキナー　🅑行動分析学　🅒目標　🅓スモールステップ　🅔3
🅕説明・解説　🅖問題・課題　🅗解答

いかがでしょうか。プログラム学習とはどのようなものかを体験することができましたか？　問題が難しかったり、間違えてしまったりした場合は、最初に答えを見ながら問題を何回か読み、続いて答えの部分を紙などで隠して、問題を読み、解答するという手順を繰り返してください。このようなエクササイズとプログラム学習のコーナーを活用しながら、スモールステップで行動分析学を学んでいきましょう。

　本書ではみなさんが日常的に具体的に行動分析学を学べるよう、できるだけわかりやすい表現で日常的な例をたくさん盛り込みながら解説をおこなっています。ただし、行動分析学では共通言語としてみなさんと共有したいキーワードがいくつも登場します。日常ではあまり使わない用語だったり、普段使っている意味とは少し違う意味で登場したりします。最初は馴染みのない聞き慣れないキーワードかもしれませんが、繰り返し読み、自らも説明し、日常の中で使っていくうちに次第に覚えていくものですから、ぜひ学習を続けてください。ノートを用意して何度も何度も繰り返し学習をしてくださったら、きっと今とはまた違った世の中やものごとが見えてくるかもしれません。そして、その新しいものごとの見方は、今よりもみなさんの生活を楽しく豊かにしてくれるでしょう。

　それでは、行動分析学の学習を始めましょう。

目　次

はじめに／i
本書の目的と使い方／iii

1　人の行動のなぜ？

人の行動の「日常的」な理解の仕方 …………………………………………………… 2
「なぜ泣いているの？」「どうして勉強が続かないの？」にどう答えますか？／2
トートロジー（同義反復）という落とし穴／4

人の行動の「科学的」な理解の仕方——行動分析学 …………………………… 7
トートロジーの落とし穴から抜け出そう／7
最初に覚えるキーワード——学習と行動／8

2　レスポンデント行動

馴化と脱馴化、鋭敏化 …………………………………………………………… 12
熱いものに手が触れたら？——無条件刺激と無条件反応 …………………… 14
パヴロフ型条件づけ（レスポンデント条件づけ、古典的条件づけ）………… 15
パヴロフ型条件づけ①——興奮性条件づけ／17
パヴロフ型条件づけ②——抑制性条件づけ／20
刺激般化と般化勾配、分化 ……………………………………………………… 23
特殊な条件づけ（味覚嫌悪学習）と準備性 …………………………………… 24

3　オペラント行動

オペラントの定義 ………………………………………………………………… 26
「そうするのはなぜ？」「その行動が続いているのはなぜ？」——強化の原理 ………… 29
「それをしないのはなぜ？」「その行動が続かないのはなぜ？」——弱化の原理 ……… 35
私たちの行動を左右するもの——好子（正の強化子）・嫌子（負の強化子）………… 40
さまざまな好子・嫌子／41
「普通は好きでしょ？　嫌いでしょ？」は意味をもたない／42
お手伝いをするのはお小遣いのため？　それとも……？
　　　　——付加的強化随伴性と行動内在的強化随伴性／42
大好きなケーキも毎日だとうんざり　真夏の炭酸飲料は最高！——確立操作／43
オペラント条件づけの４つの基本パターン ……………………………………… 45
反応強化子随伴性と随伴性ダイアグラム ……………………………………… 50
よくある間違い／54

目 次

もはやその行動には意味がない!?——消去の原理 …………………………………… 55
 これまでやっていたことをしなくなる理由／56
 ボールペンのインクが突然出なくなったら？——消去誘発性行動変動／61
 消去された行動が再び生じる——自発的回復／63
 消去と反対の原理——復帰／64
どちらも行動が弱まるけれど？——弱化と消去の違い……………………………… 66
時や場所をわきまえて行動するのはなぜ？——刺激性制御………………………… 68
 街で友人によく似た人を見かけたら？——般化／76
「あらかじめ○○しておこう」「予防策を張っておこう」——阻止の随伴性………… 77
 行動の直後には何も変化がないけれど……／77
 許可の随伴性と阻止の随伴性／78
 阻止の随伴性の4つのパターン／81
 回避条件づけと回避行動／82
行動の強化や消去に影響を与える条件——強化スケジュール……………………… 85
 強化スケジュールと消去抵抗の関係／86
言語行動…………………………………………………………………………………… 87
ルール支配行動と随伴性形成行動……………………………………………………… 96

4　生活への応用——応用行動分析学

私たちの生活をよりよくするために………………………………………………………100
困った状況ってどんな状況？——しなくて困る、し過ぎて困る………………………102
行動の未学習・未定着の場合どうするの？——行動形成………………………………104
 ステップ1：目標行動を具体的に決める／104
 ステップ2：行動に結果を伴わせる——好子出現による強化と嫌子消失による強化／106
 ステップ3：好子を探る——「十人十色」「蓼食う虫も好き好き」をお忘れなく／114
 ステップ4：まだ獲得していない行動を形成する——シェイピングと漸次接近法／118
 ステップ5：複雑な行動を単純な単位に分ける——課題分析とスモールステップ化／121
 ステップ6：単純な行動をつなげていく——行動連鎖／123
 ステップ7：行動が起こりやすくなるような事前の手助けをする／124
行動の誤学習の場合どうするの？——困った行動を減らす……………………………125
 ステップ1：その行動が生じる理由を知る——機能分析（機能的行動アセスメント）／125
 ステップ2：予防策を取る、前もって状況を変えておく／134
 ステップ3：ダブルの対応で効果アップ——望ましい行動の分化強化＋困った行動の消去／135
 ステップ4：できるだけ使うことを避けたい方法——弱化／144
行動分析学の日常行動への適用……………………………………………………………149

 あとがき／157
 文　献／159
 索　引／163

1
人の行動のなぜ？

人の行動の「日常的」な理解の仕方

》「なぜ泣いているの？」「どうして勉強が続かないの？」にどう答えますか？

　私たちは、日々、学校でも職場でも、家庭やそれ以外のプライベートな交友関係でも、あるいはもっと広く地域社会でも、自分自身や相手（ヒト以外の相手もある）との関わりの中で生活をしています。普段、問題やトラブルが起きていないときにはそれほど深く考えることはありません。しかしいったん何か疑問を感じたり、問題やおかしな事態が起こると、自分や相手はどういう存在なのか、なぜ自分や相手はそういうことをしてしまうのか（しないのか）などに考えを巡らします。そして現状を説明したり、どうしてそうなってしまったのかと何か理由や原因をみつけて納得しようとします。さらに、現状から抜け出すための解決策を考えて試したりもします。記憶をさかのぼって考えてみれば、自分や相手がどうしてそういった行動をするのかということを考えるのは、私たちがずっと小さかった頃、おそらく小学生やそれ以前から日々おこなってきたことではないでしょうか。「あの子はどうして泣くのか」「どうしてお母さんは毎日ガミガミと叱るのか」「自分はどうしてこんなに恥ずかしがり屋なのか」「どうして勉強が続かないのか」といったようにです。

　みなさんそれぞれに、これまでの人生の中で形成してきた説明の仕方や納得の仕方というものがあるかもしれません。次のエクササイズのコーナーで、みなさんの説明の仕方を振り返ってみましょう。

エクササイズ

次に挙げる事例を読んでください。あなたはここに登場する人物が抱える問題の理由や原因について、どのように説明をするか自由に考えて、書き出してみましょう。ここに正解はありません。みなさんだったら普段どのように説明をするのかを考えてみてください。

事　例	あなたの説明
大学生のエリさんは、ゼミの課題図書をなかなか読み進めることができません。同じゼミの仲間が一緒に読もうと声をかけても、「アルバイトがあるから」と言ってなかなか参加しません。参加をしても本とは関係のない話をして先に帰ってしまいます。エリさんはどうして課題図書を読もうとしないのでしょうか。	
シズオさんは糖尿病の予備軍で、医師から食事の管理と毎日30分程度の軽い運動をおこなうよう指導されています。一度は運動をしたり、食事の量を減らしたりしましたが継続できなくなり、今では高カロリーな物を食べたりアルコールを飲んだりする一方で、まったく運動をしていません。シズオさんはどうして医師の指導を守れないのでしょうか。	
小学生のナオトさんは教室でよく問題を起こします。クラスメイトの持ち物を隠したり、ノートを投げたりします。クラスメイトが嫌がってもいつまでも続けます。体育の時間にはクラスメイトを突き飛ばして、注意を受けたこともあります。担任の先生はナオトさんのことを理解したいと思っています。ナオトさんはどうしてこのようなことをするのでしょうか。	
大学生のユキさんは、講義やアルバイトが終わった時間になると毎日ボーイフレンドのケンさんにメールを送り、すぐに返事がないときにはケンさんが電話に出るまで何回もかけ直します。ケンさんは正直なところうんざりしています。ユキさんはどうしてこのようなことをするのでしょうか。	
3歳のシュウちゃんは夜ベッドに入るとシクシクと泣き始めます。「1人はイヤ」と言ったり「ママがいい」とぐずってはリビングに出てきたり、時には部屋で大泣きをしたりして、両親を手こずらせます。どうしてシュウちゃんは寝るときに泣いたりぐずったりするのでしょうか。	

このような事例は、細かい部分こそ違っても、みなさんの家庭や交友関係、学校、職場などで一度は出会ったものではないでしょうか。そして、学校や職場、電車の中などで日常的に繰り広げられている会話や、テレビや雑誌などで一般的におこなわれる説明を聞いてみると、以下のような説明が多いようです。

　エリさんはあまり学問に興味がないのでは？　やる気もないし、だから本を読むことができないのでは？

　シズオさんは健康への危機感が薄いのです。意志も弱く、ハードな運動や健康的な食事の継続ができないのです。ちなみに意志が弱いのは家系の問題もあって、シズオさんの父親も同じように意志が弱い人でした。

　ナオトさんは意地悪な性格で、みんなが嫌がっているのにいつまでも嫌がらせをしてしまうのではないでしょうか？　あるいは、学校内外で何かストレスがあってそれを学校のみんなに意地悪をすることで発散させているのでは？

　ユキさんは長女でわがままな性格で何でも思うとおりにやりたいのです。おまけにこの頃ちょっと嫌なことがあって気分が優れないから、だからボーイフレンドに一方的にメールや電話をしてしまうのです。

　シュウちゃんに限らず、小さい子どもは概して寝るのが怖いのです。眠りにつくのが怖いから泣いてしまうのです。

　いかがでしょうか。みなさんがおこなった説明と似ているもの、あるいは違ったものはありましたか。どのようなところが似ていたり、違っていたりするでしょうか。このような説明は日常で頻繁におこなわれているもので、他にも表1に示したようなものがあります。

表1　よくある日常的な説明

「やりたかったから」「そうしようと思ったから」「やる気がある・ないから」「調子がいい・悪いから」「そういう性格だから」「協調性がある・欠けているから」「能力がある・ないから」「意志が強い・弱いから」「責任感が強い・弱いから」「お調子者だから」「しっかり者だから」「生まれつきそうだから」「親に似ているから」「そういう思考傾向にあるから」「冷たい人だから」「お節介な人だから」

》 トートロジー（同義反復）という落とし穴

　さて、もし私たちが自分や相手の行動について上記のような理解をして、現状の課題や問題を改善しようとしたとき、どのような助言をしたり解決策を考えたりすることができるでしょうか。ここまでの事例で考えてみましょう。

　エリさんに「もっとやる気を出して」「頑張って一緒に読もうよ」と励ましたり、「読まないと単位を落とすかもよ」と発破をかけたりしたら課題図書を読むようになるかもしれ

ない。

　シズオさんにもっと病気や健康への危機感を抱いてもらい、強い意志をもってもらったら、運動が続くかもしれない。

　ナオトさんには意地悪な性格を直すような関わりが必要で、もっと厳しく注意をしつつ、優しい思いやりのあるクラスメイトと過ごさせるのがいいかもしれない。

　ユキさんには、ボーイフレンドがどう思っているのかをわからせるしかない。でも性格の問題だから、直すことは難しいかもしれない。

　シュウちゃんには、寝るときにできるだけ優しいことばをかけて、怖がらせるようなことはせず、好きなぬいぐるみなどを持たせてあげたら安心するかもしれない。

　このような助言も実は日常で私たちが頻繁におこなっているものです。では、果たしてこういった助言で困った事態に変化が訪れるでしょうか。

　実は表1に示したような一般的な説明では自分や相手の問題点を説明しているようで、実は何も説明してはいないのです。やる気がないから課題図書を読まないのではありません。意志が弱いから運動を継続できないのではありません。意地悪な性格だから嫌がらせをするのでもありません。寂しがり屋な性格であるから誰かに依存するのでもありません。こういった説明は、ただその人の行動を他の表現で言い直したり、行動に何かのラベルをつけたりして、説明したり理解したりしたような気分になっているだけなのです。「課題図書を読んでいない」＝「やる気がないから」、「運動が継続できない」＝「意志が弱いから」といったように、同じことを違った言い方で表現しているだけなのです。これでは結局は何も説明していないのと同じことなのです。こういった説明の仕方を**トートロジー（同義反復）**といい、本書の立場である行動分析学ではトートロジーを用いないよう特に気をつけています（図2）。

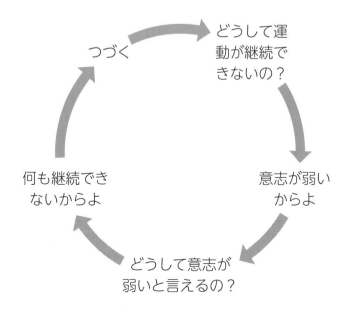

図2　トートロジー（同義反復）では何も説明できない

その人の行動を別の言い方で表現し直しているだけですから、そこから導いた助言や解決策では何も物事は変わらないのです。「どうして課題図書を読まないの？」→「やる気も興味もないから」→「やる気や興味を上げれば本を読む？」→「どうやってやる気を上げればいいの？」→「……」。「どうして運動が継続できないの？」→「それは意志が弱いから」→「意志を強くすれば運動が継続できる？」→「どうやって意志を強くする？」→「……」。「どうして失敗ばかりするの？」→「それは能力がないから」→「どうやって能力を上げるの？」→「失敗しないようにすればいいのよ」→「……」。このように一般的な説明から導いた解説策ではただ堂々巡りが続くだけなのです。

　その上、問題の原因を個人の責任（「能力がないから」「やる気がないから」）にしてしまって、何の解決にも結びつかないという事態に陥ってしまうのです。これを私たちは**個人攻撃のわな**と呼んでいます。

人の行動の「科学的」な理解の仕方
——行動分析学

 トートロジーの落とし穴から抜け出そう

　現代の心理学は行動や心的過程について研究する学問であり、その目的は、ヒトを含めた動物の行動や心的過程を記述、説明、予測、制御（調整・工夫）することにあります。心理学にはさまざまな考え方やものの見方がありますが、その1つである**行動分析学**によって私たちはトートロジーを使った行動の理解や、個人攻撃のわなにはまるような助言から抜けだし、科学的な見方で私たちがおこなっていることを理解することができるようになります。

　私たちがどうしてある行動をするようになったのか、あるいはある行動をしなくなったのか、どうやったらある行動をするようになるのか、あるいはどうやったらある行動をしなくなるのか、こういったことを理解していく心理学の1つの分野がこれから本書をとおして学んでいく行動分析学です。私たち一人ひとりが違っている理由、もっと具体的には、一人ひとり好きなものごとが違っている理由、自分はある行動をするのに相手はそれをしない理由、あることは続けられるのに、また別のことは続けられないことの理由、こういった疑問に答えることのできる学問です。

　そして、もしも自分自身や相手との関係の中で解決したい課題があるのなら、トートロジーや個人攻撃のわなにはまらない理解や説明の仕方を見つけ、解決にたどり着ける、あるいは今よりもよりよく生活するための解決策や工夫を見つけることのできる学問なのです。

最初に覚えるキーワード――学習と行動

　私たちがある行動をするようになったり、しなくなったりする変化のことを**学習（learning）**といいます。ここでいう学習とは、学校で新しい計算の仕方を習うとか英語の勉強をするとかいった狭い意味での学習（study）ではなく、これらを含めたもっと広い意味をもっています。

　ここで学習の定義を確認しましょう。学習とは**経験によって生じる比較的永続的な行動や認知の変化**のことをいいます。生まれてから現在に至るまで、私たちがさまざまな環境の中で体験してきたことや経験してきたことによって変化してきた私たちの行動や考え方（認知）のことを学習というわけです。

　経験によって生じる行動や認知の変化を学習と定義しましたが、行動分析学ではこの**行動**を次のようにいくつかのレベルによって定義しています。

①狭い意味での行動の定義

　行動とは**筋や腺による活動のすべて**のことです。私たちが毎日毎時間、頭や手足を動かしている何かの活動は、神経系によって制御されていますが、これらの活動のすべてを行動と定義します。

②広い意味での行動の定義

　「**死人にできること**」以外のすべてのおこないを行動と定義します。死人にできることは行動ではなく、死人にできないことが行動であるという定義です。具体的にいうと「否定形」「受け身形」「状態」で表現されるものは行動ではないということです。たとえば、「ご飯を食べない」「掃除をしない」「考えない」といった否定形で表現されるもの、「叱られる」「叩かれる」「話しかけられる」といった受け身形で表現されるもの、そして「じっとしている」「静かにする」「黙っている」「寝ている」「目を閉じている」など状態を表すもの、これらは死人にできることですから、行動分析学では行動として捉えません。このような確認の方法を**死人テスト**といいます。

③認知や感情を含めた行動の定義

　「歩く」「食べる」といった目に見える行動以外にも「今日の夕ご飯のメニューを何にするか考える」「昨日やったことを思い出す」「明日は苦手な体育があるから学校に行きたくないなと思う」「自分は失敗ばかりして情けないと思う」など私たちの頭の中でおこなわれる**思考・認知**や**感情・情動**も行動に含まれます。ただし、これは他者には観察することが難しいため、ことばで表現したり文字にしたりすることで観察できます。

　こうした行動は、その行動が前後の状況とどのように関わりをもって生じているかによってレスポンデント行動とオペラント行動の2つに大きく分けることができます。

レスポンデント行動（respondent）は、特定の刺激によって誘発される行動です。特定の刺激とそれによって**誘発（elicit）**される特定の反応との結びつきによって生じます。こうした結びつきの過程は、それぞれの種における系統発生によって形作られてきましたから、意図的にコントロールすることが難しい行動です。

オペラント行動（operant）は、生体が**自発（emit）**する行動で、その行動の前後の環境との関係によって起こりやすさが変化します。またレスポンデント行動とは異なり、意図的にコントロールしやすい行動です。

ところで私たちの行動や認知はさまざまな要因によって変化します。たとえばお酒を飲むことで陽気になったり泣き上戸になったりと、一時的に行動や認知が変わることがあります。ハイハイをしていた赤ちゃんが、つかまり立ちをして歩くようになるといった身体の成長や成熟に伴う発達による行動の変化もあります。病気や怪我が原因でこれまでできていたことができなくなることもあります。これらは薬物、成熟、怪我や病気などによる行動の変化であって経験によって生じる行動の変化ではありませんから、学習ではありません（表2）。

表2　学習以外の行動の変化

本能による行動の変化
発達による行動の変化
疲労による行動の変化
薬物による行動の変化

次章から、レスポンデント行動とオペラント行動に分けて、私たちの行動のさまざまな側面について詳しく学習をしていきましょう。

プログラム学習

学習日						
正解の数						

目標：行動分析学で使われるキーワードとして学習と行動の定義を説明できるようになること。

課題：学習と行動の説明をもう一度読み、次の文章の空欄にキーワードを入れてください。すぐに答えを確認しましょう。

学習とは、Ⓐ　　　　によって生じる比較的永続的なⒷ　　　　や認知の変化のことをいいます。行動分析学では、このⒷ　　　　を次のようにいくつかのレベルで定義します。

①私たちは日々、手足や頭を動かしています。これらは神経系によって制御されているもので、こういった狭い意味での定義としてⒷ　　　　をⒸ　　　　　　　　と定義します。

②広い意味での定義として、Ⓑ　　　　を「Ⓓ　　　　にできること」以外のすべてのおこないと定義します。「食べない」のようにⒺ　　　　形で表現されるもの、「話しかけられる」のようにⒻ　　　　形で表現されるもの、「おとなしくしている」のようにⒼ　　　　を表すものは、Ⓓ　　　　にできることですから、Ⓑ　　　　ではありません。

③「今日は辛いな」「あの人は苦手だな」など頭の中で考えたり思いを巡らしたりすることをⒽ　　　　　　といい、これらもⒷ　　　　に含まれます。

こうしたⒷ　　　　は、それが前後の状況とどのようなかかわりをもって生じるかによって大きく2つに分けることができます。

1つは、Ⓘ　　　　　　　　といい, 特定の刺激によって誘発されるものです。系統発生によって形成されてきたもので、意図的にはコントロールすることが難しいものです。もう1つは、私たちが自発するⒷ　　　　で、Ⓙ　　　　　　　　といいます。行動の前後の状況の変化によってその生じやすさが変化します。Ⓘ　　　　　　　　とは異なり、意図的にコントロールしやすいものです。

解　答	Ⓐ経験　Ⓑ行動　Ⓒ筋や腺による活動のすべて　Ⓓ死人　Ⓔ否定　Ⓕ受け身　Ⓖ状態　Ⓗ思考や認知　Ⓘレスポンデント行動　Ⓙオペラント行動

2
レスポンデント行動

馴化と脱馴化、鋭敏化

まずは次の事例を読んでみましょう。

- ある午後、オサムさんはリビングのソファでテレビを観ていました。外で何かが落ちる物音が聞こえて、窓の方をちらっと見ましたが、すぐにまたテレビ画面に目を戻しました。少ししてからまた外で物音がするので、またちらっと窓の方に目を向けました。
- ハルカさんは、大学のある教室の窓際に座って講義を受けていました。季節は秋で、窓の外の木から葉っぱがゆらゆらと落ちていくのが視界に入って、ちらっと窓の方に目を向けました。

- マンションで一人暮らしをしているヨリコさんは、ある朝、隣の住人が壁に何かを打ちつけているような「ドンドン」という音を耳にして、「あら？ 何しているのかしら？」と思いました。

このように何らかの刺激に対して大きな反応はしないまでも、「おや、何だろう？」という程度には反応することがあります。このような「おや、何だろう？」という反応を**定位反応（おや何だ反応）(orienting response: OR)** といいます。そして、この定位反応を引き起こすきっかけとなった刺激を**中性刺激 (neutral stimulus: NS)** といいます。

さて、この中性刺激だけを繰り返して経験する（何度も触れ続ける）うちに、当初観察されていた定位反応が生じなくなります。これを**馴化 (habituation)** といいます。テレビを観ているときに、外で何かが落ちる物音が何度か続いたら、あるいは、窓の外で葉っぱがゆらゆらと揺れ続けていたら、あるいは、どこかで何かの匂いがかすかにし続けたら、おそらく私たちはこれらの中性刺激に対して、最初は「おや、何だ？」と反応しても、それが何度も続くうちに、それらにはもう反応しなくなってしまいます。馴化は一般にその刺激には何も特別な意味がない、あるいはその刺激の他には何も特別なことが生じ

ないという学習によって生じると考えられています。日常にたくさんあふれるさまざまな刺激の一つひとつにいちいち反応をしていたら私たちの日常は大変に煩わしく不経済なものとなってしまいます。中性刺激に対して定位反応を示さなくなること、簡単にいえば重要ではない刺激には大きな反応をしなくなる過程が馴化なのです。

馴化には次のような特徴があることがわかっています。①強い刺激よりもより弱い刺激に対しての方が早く馴化が起こりやすい。②強い刺激に対して馴化が生じた場合、それに類似したより弱い刺激には反応しない。③刺激の呈示回数が多くなるほど馴化が生じやすい。④ある刺激に対して馴化が生じてから、それとは異なる新たな刺激が呈示されると、馴化していた刺激に対して一時的に定位反応が生じる（これを**脱馴化 [dishabituation]**という）。

馴化は中性刺激だけを繰り返し経験することで定位反応が生じなくなることですが、中性刺激だけを繰り返し経験するうちに、逆に反応が強まっていくことがあります。また、比較的強い刺激を受けた後で、中性刺激によって生じる定位反応の強度が高まることがあります。これらを**鋭敏化（sensitisation）**といいます。マンションの隣の部屋からコンコンコンコンと何度も何かを打ちつける音が聞こえてきたらどうでしょうか。馴化が生じることもあるかもしれませんが、逆に、音のする度に「何だろう？　隣人は何をしているのだろう？」と頻繁に気にするようになるかもしれません。他にも、隣に座っている人の独り言や貧乏揺すりに対して、ますます強く定位反応を示すようになることもあります。このように定位反応がより頻繁に強く起こるようになることを鋭敏化といいます。

プログラム学習

学習日						
正解の数						

目標：馴化、脱馴化、鋭敏化の生じる過程を説明できるようになること。
課題：馴化、脱馴化、鋭敏化の説明をもう一度読み、次の文章の空欄にキーワードを入れてください。終わったら、すぐに答えを確認しましょう。

ちょっとした物音や匂いなどの刺激に対して「おや、何だ？」と反応することを❶　　　　　といい、この反応を引き起こすきっかけとなった刺激を❷　　　　　といいます。この❷　　　　　が何度も繰り返し呈示されると、やがて❶　　　　　が生じなくなります。これを❸　　　　　といいます。

❸　　　　　が生じた後に、別の❷　　　　　を呈示すると、再び❶　　　　　が生じることがあります。これを❹　　　　　といいます。

一方、❸　　　　　とは逆に、❷　　　　　に対してより強く❶　　　　　を示すようになることを❺　　　　　といいます。

解　答　　❶定位反応　❷中性刺激　❸馴化　❹脱馴化　❺鋭敏化

熱いものに手が触れたら？
——無条件刺激と無条件反応

　ヒトを含めた私たち動物には、生まれつきある刺激に対して特定の反応をすることがあります。たとえば、食べ物が口に入ると、口の中には唾液が出てきます。強い光を受けると、瞬時に瞳孔は小さくなります。沸騰したやかんに手が触れると、瞬時に手を引っ込めます。目の前に何かが急に近づいたら目を閉じます。爆発音などの大きな音を聞くと心臓がドキドキしたり呼吸が速くなったりします。イヌやネコに同じように大きな音を聞かせると驚いて飛び上がったりします。これらは誰かにそうしなさいと教えられたものではなく、私たちが生まれたときからすでにもっている行動で、刺激と反応との結びつきによって生じると考えられます。これは系統発生（進化）の中で、特定の刺激に対して生体が特定の反応をするという関係が選択されて残されていったと考えられます。

　熱いものに触れたら瞬時に手を引っ込めたり、強い光を見て瞬時に目を閉じたり、大きな音を聞いて心臓がドキドキしたりする反応を**無条件反応**（unconditioned response: UR）といいます。そして、この無条件反応を誘発するきっかけとなった刺激を**無条件刺激**（unconditioned stimulus: US）といいます。

　ただし、無条件反応のように見えてもその反応が特定の無条件刺激によって誘発されたものではない場合もあることに注意してください。たとえば、沸騰したやかん（無条件刺激）に手が触れると手を引っ込めます（無条件反応）が、沸騰したやかんがなくても私たちは同じように手を引っ込める反応を自発的に起こすことができます。目の前に何かが急に近づいたときに目を閉じますが、私たちは意図的にも目を閉じることができます。一方で、唾液分泌や瞳孔の拡散・縮小、心拍などのように、意図的にはコントロールが難しいものもあります。ここでは、特定の刺激によって特定の反応が生じるという生得的な関係による場合にそれぞれを無条件刺激、無条件反応と呼ぶことに注意してください。

プログラム学習

学習日							
正解の数							

目標：無条件刺激（US）と無条件反応（UR）を特定できるようになること。
課題：次の例Ⓐ～Ⓓの無条件刺激（US）と無条件反応（UR）をそれぞれ特定しましょう。

例Ⓐ：レモンを口に入れたら口の中に唾液が広がった。
例Ⓑ：「キーン」という高い金属音を聞いて鳥肌が立った。
例Ⓒ：親指に針を刺してしまい、思わず手を引っ込めた。
例Ⓓ：太陽を直視しようとして空を見上げたら瞳孔が閉じた。

解答		
例Ⓐ	US：レモンの酸味	UR：唾液の分泌
例Ⓑ	US：高い金属音	UR：鳥肌が立つ
例Ⓒ	US：針を刺した痛み	UR：手を引っ込める
例Ⓓ	US：太陽の光	UR：瞳孔が閉じる

パヴロフ型条件づけ（レスポンデント条件づけ、古典的条件づけ）

先ほど学習した無条件刺激と無条件反応の関係を思い出しながら次の例を読んでみましょう。

- スイミングスクールの選手コースに所属しているクミコさんは、新任コーチのプールサイドに響き渡る大きな怒鳴り声を聞いて、心臓がドキドキして足が震えてしまいました。今までに聞いたこともないほどの大きな怖い怒鳴り声だったのです。次の日にまたスイミングプールへ行くと、またそのコーチの大きな怒鳴り声を聞いて、同じように心臓がドキドキしてしまいました。2週間同じような経験をしながら、なんとかスイミングスクールに通いました。それから数日後に、スイミングスクールの前を通ったとき、クミコさんはスイミングスクールの独特の匂い（塩素の匂い）を嗅ぐだけで心臓がドキドキして足が震えるようになってしまいました。
- 日本へ旅行で初めてやってきたヨアンさんは、ガイドブックでおいしいと紹介されている寿司屋へ行きました。人生で初めて目にする鮮魚と寿司に驚きながらもそのおいしさに舌鼓を打ち、それから日本にいる間に4回も寿司屋へ足を運びました。旅行から帰って家族や友人に旅行の写真を見せていると、撮りためた寿司や醤油の写真を見ただけでヨアンさんの口にはジュワッと唾液がわいてくるのでした。

　これは、**パヴロフ型条件づけ（Pavlovian conditioning）**といわれる行動変容の過程の一例です。パヴロフ型条件づけを発見したのはロシアの生理学者**パヴロフ**（Ivan Petrovich Pavlov, 1849-1936）です。彼は、イヌの消化腺を調べる研究をしていました。ある日、パヴロフは、イヌが口に食べ物を入れられただけで胃から消化液が分泌されることに気づきました。胃に食べ物が入ることで胃液が分泌されるのは、無条件刺激と無条件反応の関係で説明できますが、胃に何も入っていないときから胃液が分泌されることを発見したパヴロフは、これを精神分泌と名づけました。

　この現象に気づいたパヴロフはさらに実験を続け、次のような研究を発表しました（パヴロフ，1975）。イヌのほほに手術を施して唾液を採取する管をつけ、ベルの音をイヌに聞かせた直後に肉粉を与えることを何度も繰り返しました。最初のうち、イヌはベルの音に対して耳をそばだてる程度の定位反応しか示さなかったのですが、やがて、ベルの音を聞いただけで唾液が分泌されるようになったのです。これは、最初に紹介したクミコさんやヨアンさんの例とも共通しています。スイミングスクールの塩素の匂いをコーチの大きな怒鳴り声と一緒に経験することで、やがてクミコさんは塩素の匂いを嗅ぐだけで心臓がドキドキするようになったのです。ヨアンさんにとって初めて口にする寿司や醤油ですから、最初は寿司や醤油を見ただけでは特定の反応は誘発されなかったものが、実際に目で見て口にして味わうことで、今度はその写真を見ただけで唾液が出るようになったのです。

　パヴロフ型条件づけは、このような新たな刺激に対して反応が誘発されるようになる過程である**興奮性条件づけ**と、逆に反応が抑制されていく過程である**抑制性条件づけ**の2つに大別されます。

　なお、パヴロフ型条件づけとほぼ同じような意味で**レスポンデント条件づけ**とか**古典的条件づけ**といった表現も用いられることがありますが、本書ではパヴロフ型条件づけという表現を用います。

パヴロフ型条件づけ①——興奮性条件づけ

　ここで復習をしましょう。イヌにとっての肉粉やヨアンさんにとっての寿司や醤油は、口に入れただけで最初から唾液が出るものですし、クミコさんにとってのコーチの大きな怒鳴り声はそれだけで最初から心臓がドキドキしたりするものですから、これらは無条件刺激です。そしてこの無条件刺激によって誘発される唾液分泌や心臓がドキドキする反応が無条件反応です。

　これに対して、イヌにとって最初に聞いていたベルの音、怖いコーチがやってくる前のクミコさんにとっての塩素の匂い、日本にやってくる前のヨアンさんにとっての寿司や醤油の写真は、初め特定の反応を誘発するような刺激ではありませんでしたから、これは中性刺激です。この中性刺激に対して最初私たちは耳をそばだてるとか「塩素の匂いがするわ」という程度にしか反応をしませんので、これは定位反応です。

　これらの例には、こういった無条件刺激と無条件反応、中性刺激と定位反応に加えて、これから説明をする**条件刺激（conditioned stimulus: CS）**と**条件反応（conditioned response: CR)**とがみられます。

　中性刺激と無条件刺激とを繰り返し対呈示することで、中性刺激が無条件反応と類似した反応を生じさせるようになります。先ほどの例では、中性刺激と無条件刺激の対呈示によって、やがてベルの音を聞いたり寿司や醤油の写真を見たりするだけで唾液が分泌されたり、スイミングスクールの塩素の匂いを嗅ぐだけで心臓がドキドキしたりするようになっています。このような反応を条件反応といい、こういった反応の獲得過程を**興奮性条件づけ**と呼びます。このとき、条件反応を誘発するようになった中性刺激を条件刺激と呼びます。

　無条件刺激と無条件反応との関係は生得的な結びつきがありますが、ここで選択される中性刺激は条件づけの生じやすさには違いがあるとしても、どのような刺激でもかまいません。条件刺激と無条件刺激とを結びつける経験が別の刺激と反応との関係を生み出していることに注意してください。

　またここで生じた刺激と反応との関係の多くは生得的な刺激と反応との関係と同じ、または類似しているものです。

プログラム学習

学習日					
正解の数					

目標：興奮性条件づけがどのような過程を経て成立するのか、キーワードを使って説明できるようになること。

課題：興奮性条件づけの獲得過程をもう一度読み、次の問題の空欄にキーワードを入れましょう。すぐに答えを確認しましょう。

私たちが生まれつきもっている生得的な反応には、大きな音を聞いて心臓がドキドキする、熱いものに触ったら手を引っ込める、口に食べ物が入ったら唾液が出る、顔に何かが近づいたら目を閉じるなどがあります。これらの反応をⒶ　　　　といい、英語ではⒷ　　　　　　と書き、それを略してⒸ　　と表記します。

このⒸ　　を誘発する刺激をⒹ　　　　と呼び、英語ではⒺ　　　　　　と書き、それを略してⒻ　　と表記します。

興奮性条件づけは、Ⓖ　　　　　を呈示する直前に、ベルの音や何かの写真やイラストなど、「おや、何だ？」程度の反応であるⒽ　　　　しか引き起こさないⒾ　　を対呈示することを繰り返し、やがてⒼ　　　　　がなくても、ベルの音だけで心臓がドキドキする、写真を見ただけで唾液が出るなどの反応を誘発するように行動が変化することをいいます。

Ⓙ　　　　とⓀ　　　　を対呈示する過程をⓁ　　　　といいます。かつては中性刺激であったベルの音や写真、イラストを見ただけで唾液が出る、心臓がドキドキするなどの反応が誘発されるようになったとき、これらの刺激をⓂ　　　　と呼び、これによって誘発される反応をⓃ　　　　と呼びます。

このパヴロフ型条件づけを発見したのはロシアの生理学者Ⓞ　　　　です。

解　答
Ⓐ無条件反応　Ⓑ unconditioned response　Ⓒ UR　Ⓓ無条件刺激
Ⓔ unconditioned stimulus　Ⓕ US　Ⓖ無条件刺激（US）
Ⓗ定位反応（OR）　Ⓘ中性刺激（NS）　Ⓙ無条件刺激（US）
Ⓚ中性刺激（NS）　Ⓛ興奮性条件づけ　Ⓜ条件刺激（CS）
Ⓝ条件反応（CR）　Ⓞパヴロフ

プログラム学習

学習日					
正解の数					

目標：興奮性条件づけの事例を読み、中性刺激（NS）、無条件刺激（US）、無条件反応（UR）、条件刺激（CS）、条件反応（CR）、条件づけの獲得過程がそれぞれ何であるのかを特定できるようになること。

課題：次の2つの興奮性条件づけの例を読んで、①中性刺激（NS）、無条件刺激（US）、無条件反応（UR）、条件刺激（CS）、条件反応（CR）が何であるかをそれぞれ特定しましょう。②それぞれの事例で興奮性条件づけの獲得過程を説明しましょう。

例Ⓐ：実験室で学生に次のような実験をおこないました。「リーン」というチャイムの音を聞かせてから続いて学生の目のあたりに向かって空気をフッと吹きかける手続きを何回も繰り返しました。その度に学生は空気に反応して目を瞬時に閉じました。今度は空気を吹きかけることをせずに、ただチャイムの音だけを学生に聞かせると、それだけで学生は目を閉じるようになりました。

解　答	①中性刺激（NS）：条件づけする前のチャイム音 　無条件刺激（US）：空気の吹きかけ 　無条件反応（UR）：（空気の吹きかけで）目を閉じる 　条件刺激（CS）：チャイムの音 　条件反応（CR）：（チャイムの音で）目を閉じる ②チャイムの音を聞かせた直後に目に向かって空気を吹きかける

例Ⓑ：2歳のアキラくんは大きな音が苦手です。ある日お母さんがリビングで掃除機をかけ始めると、アキラくんはびっくりして泣いてしまいました。また別の日に同じように掃除機をかけるとアキラくんは同じように驚いた顔をして泣いてしまいました。そんなことが1週間ほど続いた後、今度はリビングの片隅に置いてある掃除機を見ただけでアキラくんは泣くようになりました。

解　答	①中性刺激（NS）：条件づけする前の音の出ない掃除機 　無条件刺激（US）：掃除機の大きな音 　無条件反応（UR）：（掃除機の大きな音で）泣く 　条件刺激（CS）：音の出ない掃除機 　条件反応（CR）：（音の出ていない掃除機を見て）泣く ②掃除機と大きな音を対にして呈示する

パヴロフ型条件づけ②──抑制性条件づけ

ベルの音によって唾液の分泌が誘発されるようになったイヌに対して、今度はベルの音だけを聞かせ続けるとどうなるでしょうか。クミコさんが嗅ぐだけでドキドキするようになっていた塩素の匂いをさらに嗅ぎ続けるとどうなるでしょうか。中性刺激と無条件刺激の対呈示によって条件反応が成立した、つまり興奮性条件づけが成立した後に、今度は無条件刺激を呈示せずに条件刺激のみを呈示し続けると、やがて条件反応は起こらなくなっていきます。イヌにベルの音だけを聞かせ続けるとやがてベルの音に対して唾液分泌が誘発されなくなるのです。

この条件刺激のみを呈示し続ける手続きを**消去**（extinction）と呼びます。消去は、**抑制性条件づけ**の１つで、興奮性条件づけにおいて条件刺激が無条件刺激の到来を知らせる信号になっているのに対して、抑制性条件づけでは条件刺激の後には何も変化がないことの信号になっています。消去は「消し去る」と表記しますが、興奮性条件づけが反応を促進するように働くのとは逆に、反応を抑制するように条件づけをするもう１つの学習過程です。獲得されていた反応が消しゴムで消し去るようになくなってしまうのではなく、反応を起こさせないような条件づけが働くために、結果として反応が生じなくなると考えられています。

一方、消去の手続きにより条件刺激に対して条件反応が誘発されなくなった後、しばらく時間をおいてから再び条件刺激を呈示すると、条件反応が再び誘発されることがあります。これを**自発的回復**（spontaneous recovery）といいます。先ほどのイヌの例では、ベルの音のみを聞かせ続ける消去の手続きによって、やがてイヌの唾液分泌が誘発されなくなった後に、しばらく時間をおいてから再びベルの音を聞かせると、そのイヌの唾液分泌が再び誘発されるようになることがあります。

プログラム学習

学習日						
正解の数						

目標：もう１つのパヴロフ型条件づけである抑制性条件づけについて説明できるようになること。
課題：抑制性条件づけの過程をもう一度読み、次の問題の空欄にキーワードを入れましょう。すぐに答えを確認しましょう。

❹＿＿＿の手続きによって条件刺激に対して条件反応が誘発されるようになった後、今度はベルの音など❺＿＿＿のみを呈示し続けると、やがて唾液の分泌が誘発されなくなるなど刺激に対して反応をしなくなる、つまり❻＿＿＿が誘発されなくなります。この❺＿＿＿のみを呈示する手続きを❼＿＿＿といいます。
❼＿＿＿が成立した後、しばらく時間をおいて❽＿＿＿を呈示すると、再び❾＿＿＿が誘発されることがあります。これを❿＿＿＿といいます。

解答 ❹興奮性条件づけ ❺条件刺激（CS） ❻条件反応（CR） ❼消去
❽条件刺激（CS） ❾条件反応（CR） ❿自発的回復

2 レスポンデント行動

プログラム学習

学習日					
正解の数					

目標：パヴロフ型条件づけの事例を読んで、消去過程や自発的回復を特定できるようになること。

課題：次の2つの例を読んで、パヴロフ型条件づけの①獲得過程、②消去過程、③自発的回復が何であるのかを特定しましょう。

復習課題：それぞれの事例で④中性刺激（NS）、⑤無条件刺激（US）、⑥無条件反応（UR）、⑦条件刺激（CS）、⑧条件反応（CR）が何であるかを特定しましょう。

例Ⓐ：大学生のシズカさんはある日、大学へ行く途中の道で交通事故を目撃しました。大きな音がして、人の悲鳴や大きな怒鳴り声も聞こえて、とても怖い思いをしました。シズカさんの心臓の動悸は激しくなり、足がガクガクと震えました。翌日にその道を使って通学しようとすると、もう事故は片づけられているにもかかわらず、心臓がドキドキし足が震えてしまいました。それからもその道を使って通学しているうちに、シズカさんは事故現場を通ってもドキドキしたり足が震えたりすることはなくなりました。大学が夏休みに入り、1ヵ月ほどシズカさんはその道を通ることはありませんでした。大学が再び始まりその道を久しぶりに通った際、シズカさんは再び心臓がドキドキし足が震える体験をしました。

解　答	①獲得過程：通学路で交通事故の大きな音や人の悲鳴などを見聞きすること ②消去：かつて事故があり、現在は何もない通学路を通ること ③自発的回復：久しぶりに事故現場を通ったときにドキドキし、足が震えたこと ④中性刺激（NS）：事故を目撃する前の通学路 ⑤無条件刺激（US）：事故の大きな音や人の悲鳴、怒鳴り声 ⑥無条件反応（UR）：（大きな音や人の悲鳴、怒鳴り声で）ドキドキする、足が震える ⑦条件刺激（CS）：事故現場になった通学路 ⑧条件反応（CR）：（事故現場で）ドキドキする、足が震える

例Ⓑ：ケイさんは小学生の頃、鼻炎と中耳炎を何度も発症し、治療のために街の耳鼻科に通っていました。耳鼻科での治療はとても痛くて辛いもので、耳鼻科に近づくにつれ、ケイさんの心臓はドキドキし、呼吸が速くなりました。耳鼻科に到着して病院の建物を見ただけでさらに動悸が激しくなっていきました。それからは、元気なときでも別の用事でその耳鼻科の前を通るたびに、同じように心臓がドキドキして、呼吸が速くなるようになりました。中学生になってケイさんの鼻炎や中耳炎も治り、耳鼻科の前を度々通っても以前のようにドキドキしたり呼吸が速くなったりすることはなくなりました。大学生になって実家を離れたケイさんが久しぶりに帰省をし、その耳鼻科の前を通ったとき、久しぶりに心臓がドキドキし、呼吸が速くなる経験をしました。

解　答	①獲得過程：耳鼻科の建物を見た後に耳鼻科での辛い治療を経験すること ②消去：治療をせずに、ただ耳鼻科の建物を見ること ③自発的回復：帰省して久しぶりに耳鼻科の建物を見たときに心臓がドキドキし呼吸が速くなること ④中性刺激（NS）：辛い治療を受ける前の耳鼻科の建物 ⑤無条件刺激（US）：痛みを伴う耳鼻科の治療 ⑥無条件反応（UR）：（治療の痛みによって）心臓がドキドキし呼吸が速くなる ⑦条件刺激（CS）：耳鼻科の建物 ⑧条件反応（CR）：（耳鼻科の建物を見て）心臓がドキドキし呼吸が速くなる

エクササイズ

みなさんの経験の中で、パヴロフ型条件づけで説明できる体験を記述してみましょう。難しい場合は次のヒントからあなた自身の体験を思い出してみましょう。その体験の中で、何が中性刺激、無条件刺激、無条件反応、条件刺激、条件反応であるのかを特定しましょう。

ヒント	梅干しやレモンの写真を見たらどうなりますか？／高いところから下を見下ろすような写真やビデオ映像を見たらどうなりますか？／テレビ番組で虫歯治療のキーンという音を聞いたり、虫歯治療を受けたりしている映像を見たらどうなりますか？　映像を見なくても、その場面や音を頭の中で想像するとどうなりますか？／乗り物酔いしやすい人が、まだ出発前のバスに乗り込んだだけで気分を悪くする場合があります。

刺激般化と般化勾配、分化

「梅干しの写真を見ただけで唾液が出るようになる」。これはパヴロフ型条件づけの代表例です。ところでこの条件刺激である梅干しの写真ですが、まったく同じ梅干しの写真でなくても、違った写真やイラストのものであっても、同じように唾液が出ます。

このように類似した特徴をもつ条件刺激に対しても同じように条件反応が誘発されるようになることを**刺激般化（stimulus generalisation）**といいます。ベルの音を聞いて唾液の分泌が誘発されるようになったイヌに、そのベルの音とは少し違った高さの音を聞かせても同じように唾液分泌が誘発されるようになった場合、般化が起こったということができます。クミコさんの場合、スイミングスクールの塩素の匂いだけではなく、キッチンの漂白剤の匂いに対しても心臓がドキドキするようになった場合、同じく般化が起こったということができます。他の例では、担任の先生にいつも厳しく叱られて恐怖を感じるようになった小学生が、その担任の先生と同じような背格好、年格好の人を街で見かけたり、似たような声を聞いたりして怯えるようになったという場合、般化が生じているということができます。

類似した刺激であっても、その類似性が少しずつ変化していくことで条件反応の強さも変化していきます。これを**般化勾配**といいます。ベルの音に反応するようになったイヌに対して、徐々にベルの音域を変えながら唾液の分泌量を調べていくと、より似通った音域の音に対してより強く反応し、その類似性が低くなるにつれて反応も弱くなっていくことがわかっています。先ほどの小学生の例でいうと、教室などの狭い空間にいる担任の先生の姿や声に対してもっとも強く反応し（このときの恐怖反応を100とします）、次に教室にいる同じような背格好の先生に反応し（恐怖反応 90）、次に体育館や運動場など広い空間で遠くに見える担任の先生の姿に対して反応し（恐怖反応 80）、大人の大声に反応し（恐怖反応 70）、街で見かける同じような年格好の人に対して反応する（恐怖反応 60）といったように、条件刺激の類似性によって、条件反応の強さも変化していきます。

一方、ある特定の刺激に対してのみ条件反応が起こり、類似していたとしても別の刺激には反応しない場合もあります。これを刺激に対して**分化**が起こっているといいます。先ほどの梅干しの例ですが、同じように赤くて丸い食べ物であってもサクランボやトマトを見ても唾液が出ないとか、梅の木に実っている青い梅の実を見ても唾液が出ないといった場合、これは、梅干しとそれ以外との刺激に分化が起こっているということができます。パヴロフ（1975）は、イヌに対して円と肉粉を対呈示（興奮性条件づけ）する一方で、楕円のみを呈示（抑制性条件づけ）することで、円が呈示されたときには唾液分泌、楕円のときには分泌が生じないという分化の実験をおこないました。その後次第に楕円の形を円に近づけて最終的に 9:8 の楕円による実験を繰り返すとイヌは暴れ出すなどの行動を示すようになりました。これを**実験神経症**と呼びます。

特殊な条件づけ（味覚嫌悪学習）と準備性

　カキや生魚を食べた後に嘔吐や下痢をした経験のある人は、その後にカキや生魚を見ただけでも不快になることがあります。これは興奮性条件づけの特殊な例です。ある食品を食べた後に、吐き気や嘔吐、腹痛、下痢など消化器系の不調を体験した場合、その食品に対する嫌悪感・不快感が条件づけられるというもので**味覚嫌悪学習**といいます。特定の食品（中性刺激）の摂取後に吐き気や腹痛（無条件刺激）を体験することで、嫌悪感・不快感（無条件反応）が生じるという経験をした後に、その食品（条件刺激）に対して嫌悪感・不快感（条件反応）を示すようになるのです。

　この例が特殊であるのは、次の3つの側面にあります。まず、少数回の経験で学習が成立します。これまでに紹介してきたパヴロフ型条件づけの場合、条件づけが成立するまでに何回も中性刺激と無条件刺激の対呈示が必要であったのに対して、この味覚嫌悪学習の場合は、数回から場合によっては1回の対呈示によって条件づけが成立します。次に、中性刺激と無条件刺激が対呈示される時間間隔に特徴があります。味覚（中性刺激）と消化器系の不調（無条件刺激）が対呈示される時間間隔が数時間空いても条件づけが成立することが確かめられています。さらに、中性刺激と無条件刺激の組み合わせによって条件づけの生じやすさが異なることです（Garcia & Koelling, 1966）。この味覚嫌悪学習の場合、吐き気など消化器系の不調はさまざまな刺激の中でも特に味覚刺激と連合されやすく、一方で視覚刺激や聴覚刺激とは連合されにくいことがわかっています。つまり、レストランでカキを食べ、帰宅後に嘔吐した場合、連合されるのはカキの味覚であって、レストランの情景やそこで流れていた音楽などその他の刺激とは結びつかないということです。クミコさんの場合は、塩素の匂い（嗅覚刺激）とコーチの怖い怒鳴り声が強く結びついていますが、逆にプールや水などのスイミングスクールにあるその他の刺激とは結びついていません。この他にも、視覚刺激や聴覚刺激は、痛み刺激と強く連合されることが知られています。このように、ヒトを含めた動物には、特定の中性刺激が特定の無条件刺激と強く連合されるように生得的に決まっている場合があります。これを**準備性（preparedness）**（Seligman & Hager, 1972）といいます。

　このように学習には、生得的に獲得されやすい刺激と刺激との関係や、反応と結果との関係があることがわかっています（次章で詳しく学びます）。生物学的制約と呼ばれる中には、この味覚嫌悪学習の他にも、種に固有な防御反応（Bolles, 1970）や本能的逸脱（Breland & Breland, 1961）などが知られています。これはかつて経験論という哲学的な立場で主張されていたタブラ・ラサ説（人間は白紙の状態で生まれて、経験によってどのようにでも変わることができる）から、系統発生、個体発生、そして文化という3つのレベルでの変異と選択（Skinner, 1981）の考え方を形づくっていきました。

3
オペラント行動

オペラントの定義

　これまでは、特定の刺激によって誘発される反応が、異なる刺激によっても誘発されたり抑制されたりするようになる過程であるパヴロフ型条件づけについて学んできました。ここからはもう1つの学習の過程である**オペラント条件づけ**（operant conditioning）について学んでいきます。

　パヴロフ型条件づけの主なターゲットが誘発される反応（レスポンデント行動）であるのに対して、オペラント条件づけでターゲットになるのは、私たち生体が自発する行動（オペラント行動）です。ここからは、私たちが自発する行動と、行動が生じる前後の周囲の環境や状況の変化との相互作用に焦点を当てます。それぞれの行動は、周囲の状況に対してどのような効果や役割、影響をもっているか、環境からどのようなフィードバックを受けるかによって、増えたり減ったり、違った形に変化したりしていきます。

　スイミングスクールの選手コースに所属しているクミコさんの例を思い出してください（15ページ参照）。クミコさんはスイミングスクールに入ってきた新任コーチに厳しく叱られる経験をして以来、スイミングスクールの塩素の匂いを嗅ぐだけでも心臓がドキドキしたり足が震えたりするようになりました。ある日、クミコさんはスイミングスクールへいつものように自転車で向かったものの、スイミングスクールの入り口で引き返して自宅へ帰ってしまいました。それ以後、最初のうちは練習を休むのが週に1回だったのが、1ヵ月もするとまったく練習には参加しなくなってしまいました。今ではクミコさんは自分の部屋でマンガを読んだりゲームをしたり学校の宿題をしたりして過ごすようになりました。

　クミコさんがスイミングスクールの塩素の匂いを嗅ぐだけでドキドキするようになっていった過程は、パヴロフ型条件づけによるものでした。一方で、スイミングスクールを休むようになったり、その代わりに自宅でマンガを読んだり学校の宿題をしたりするようになったクミコさんの行動の変化は、パヴロフ型条件づけだけでは説明することができません。クミコさんのこの行動の変化を説明するのがもう1つの学習過程であるオペラント条件づけなのです。

　本書の冒頭で、ヒトを含めた動物の行動を理解し説明するときに、「そうしようと思ったから」「そういう性格だから」「意志が弱いから」「やる気がないから」「能力があるから」といった説明は、行動を別の表現で言い直しているだけのトートロジーであって、実は何も理解・説明していないことと同じであると述べました。私たちがある行動をするようになったり、逆に何かをしなくなったりするのは、そうしようと思ったからでもなく、そういう性格だからでもなく、やる気や能力の問題でもないのです。

　私たちがなぜある行動をしたりしなかったりするのかというと、それはたまたまその行動によってよい結果が起これば、その行動は今後も生じる可能性が高くなり、逆によくな

い結果が起こればその行動は今後生じる可能性が低くなるからなのです。このような、行動とその前後の環境や状況の変化との相互作用によって私たちの行動がさまざまに変化していく過程をオペラント条件づけといいます。

　先ほどのクミコさんの場合、それまでおこなっていたスイミングスクールに行くという行動はコーチのどなり声などのようなよくない結果をもたらすようになったために、生じにくくなったと説明できます。ここで注意したいのは、クミコさんがスイミングスクールに行かなくなったのは、決してクミコさんの意志が弱いからでも継続する能力がないからでもないということです。

　オペラント（operant） とは、行動分析学を体系化したアメリカの心理学者 B.F. スキナー（Skinner, 1937）による造語で、「動く、機能する、作用する」の意味をもつ operate を語源としています。私たちの自発的な行動はそれぞれにある結果をもたらす機能がある、環境に作用している、状況を変えることができるという意味からオペラントと名づけられたのです。特定の行動が特定の結果や効果をもたらす道具となっているという意味で **道具的条件づけ（instrumental conditioning）** と呼ばれることもあります。

　これからいくつもの事例をとおしてオペラント条件づけのさまざまな側面について学習をしていきます。その際には、それぞれの事例でどのような行動が標的になっているのかを特定しなくてはなりません。そうしなければ、一体何について論じているのかがわからなくなってしまうからです。それぞれの事例で特定される行動を **標的行動** とか **ターゲット行動** といいます。そしてこの標的行動やターゲット行動を特定するときには、先に学習をした行動の定義や死人テストに気をつけながら特定をしていきます（8 ページ参照）。

プログラム学習	学習日						
	正解の数						

目標：行動を具体的に定義し、それがレスポンデント行動であるか、オペラント行動であるかを区別できるようになること。

課題：次の2つの例を読んで、行動の部分を抜き出し、それが①レスポンデント行動であるか、②オペラント行動であるかを区別しましょう。行動は複数あります。

例Ⓐ：小学生のテツくんが通学路を通っていると、ある家の庭先から大きな犬が飛び出してきて大声で吠えながらテツくんを追いかけ回しました。テツくんは必死で走り逃げ回りました。それ以来、その家の近くを通ろうとすると足がすくんで心臓がドキドキするようになりました。最近では、あえてその道を通らずに別の道を通って学校へ行くようにしています。

解　答	①レスポンデント行動：（犬に追いかけられて以後、その道を通ると）足がすくむ / 心臓がドキドキする ②オペラント行動：通学路を通る / 犬から走り逃げる / その家の近くを通る / 別の通学路を通って学校へ行く

例Ⓑ：大学生のナナさんがある授業で自分の調べたことを発表しました。先生やみんなの前で話すのは初めてのことで、とても緊張して身体がほてり、足が震え、手には汗がにじみ、声が震えました。翌週にその授業に出席しようと教室に近づくと、身体がほてって足が震え、どうしても教室に入ることができませんでした。それで、授業を欠席して大学の近くのカフェに入ってコーヒーを飲むと大分落ち着きました。その次の週もその授業には出席せずに近くのカフェで時間を潰していました。

解　答	①レスポンデント行動：身体がほてる / 足が震える / 手に汗がにじむ / 声が震える ②オペラント行動：調べものをする / 先生やみんなの前で話をする / 教室に近づく / カフェでコーヒーを飲む / カフェで時間を潰す

「そうするのはなぜ？」「その行動が続いているのはなぜ？」——強化の原理

次の事例を読んでみましょう。

事例1：調理師を目指しているミキさんは朝から昼過ぎまでイタリアンレストランでアルバイトをしていました。ある日、他の調理スタッフが急病のために、ピンチヒッターとしてミキさんは夕方から夜にかけても仕事をしました。すると、とても料理のうまいスタッフが料理のコツや盛りつけ方をていねいに教えてくれ、これまでに作ったことのないメニューも作ることができ、とても勉強になりました。それ以後、ミキさんは週に3回は夜にもそのお店でアルバイトをするようになりました。

事例2：大学生のアキさんは、かつて高校生だった2年前のある日、混み合った電車に高齢の女性が乗ってくるのを見て、自分から席を譲りました。その女性は「ありがとう。助かりました」と言いながらニッコリと笑ってくれました。それ以後、2年経った今でも、アキさんは気がつけば積極的に席を譲るようにしています。

事例3：会社員のショウイチさんは毎朝電車に乗り遅れないように駅まで走っています。ある休日、散歩がてら駅まで歩いているとこれまで気づかなかった舗装されていない裏道を見つけ、駅まで数分早く到着することがわかりました。以後、ショウイチさんはこれまでのルートを通らずに、新しく見つけた裏道を使って駅まで行くようになりました。

事例4：新しい街に引っ越してきたトモさんは、街にあるいくつかのカフェに入りました。そのうちの3つのカフェには1度入ったきりでしたが、ある1つのカフェのコーヒーはとてもおいしかったため、それ以後、トモさんはそのお店の常連となりました。

事例5：大学生1年生のジュリさんはまだあまりお化粧をしたことがありませんでした。ある日、デパートの化粧品売り場に行き、お化粧をしてもらいました。店員さんには「とても健康そうできれいに見える」とほめられ、ジュリさんはいくつかの化粧品を買いました。翌日大学へお化粧をしていくと、友人たちがこぞって「きれい！」とジュリさんをほめました。翌々日も同じことが起こりました。以後、ジュリさんは外出するときは毎回お化粧をするようになりました。

事例6：営業部に勤めているレイさんはこれまであまり業務報告をすることがありませんでした。先月異動してきた部長は、新しい戦略として簡単なフォーマットを作って業務報告を簡略化し、提出された業務報告にはすぐにコメントをするようにしました。コメントには改善点も書かれていて、次にどう書いたらいいのかもわかるようになっていました。レイさんがそれを参考に再び報告書を書くと、部長がすぐに「わかりやすい」とコメント返してくれました。このようなやりとりが数回続くうちにレイさんは週に1回必ず業務報告をするようになりました。

事例7：高校生のサオリさんは頭痛がひどく、薬局で薬を買いました。すると、その薬はよく効き、それからサオリさんは頭が痛くなるとその薬を服用するようになりました。そればかりか、歯が痛くなったときにもその薬を服用するようになりました。

事例8：暗い場所を怖がる5歳のシュンくんは、ある日の夕方、たまたまリビングのスイッチに手を伸ばしたらパチンとスイッチがつき、暗い部屋が明るくなりました。それからは、毎日夕方になって部屋が暗くなってくると家中の電気をつけて回るようになりました。

事例9：大学生のサチコさんは、心理学の講義に出席しています。ある日、どうしてもわからないことがあり、その講義の先生の研究室を訪問していろいろ質問をしました。すると先生はとてもわかりやすく解説をしてくれました。それから、サチコさんはわからないことがあると、その先生に質問をしに行くようになりました。

事例10：シゲルさんは運動不足で体重が増加傾向にありました。ある日、スポーツジムに通っている友人から2ヵ月で3kg痩せたという話を聞いて、自分も行ってみることにしました。実際に通ってみると、2時間の運動で1kgほど体重が減っていることがわかり、嬉しくなってそれからもシゲルさんはジムに通い続けています。2ヵ月経った今では、ぽっこりと出ていたお腹が引っ込み、とてもスリムになりました。

エクササイズ

これらの事例はそれぞれに登場する人も状況も異なりますが、ある共通点があります。どのようなところが共通しているでしょうか。自由に考えてみましょう。

どの事例も共通して、それぞれにある行動をするようになったり、さらにその行動を頻繁におこなうようになったりしています。そして、それぞれの行動の直後に何かしらよいことが起こっている点も共通しています。

ここで着目する点は「ある行動をしたら自分にとってよい結果があった。だからそれ以後もその行動をするようになった」ということです。これを行動分析学では行動が増える・強まるという意味で行動が**強化（reinforcement）**されたといいます。私たちがある行動をするようになったり、さらに頻繁におこなうようになったりするのは、その行動をすることによって、自分にとってよい結果があるからなのです。別の言い方をすれば、オペラント行動が生じていれば必ず何らかの強化が働いているということです。

日常的に私たちがおこなっている行動を思い出してみましょう。スマートフォンのボタンを押す。駅の切符の券売機にお金を入れてボタンを押す。自動改札機に切符を入れて改札を通る。電車に乗って大学や職場に向かう。これらの行動は多くの人が日々おこなっていることです。私たちは「スマートフォンのボタンを押そうと思った」からボタンを押すのでしょうか。「切符を買おうと思った」から券売機のボタンを押すのでしょうか。「やる気がある」から、あるいは「大学や職場に行く気力がある」から電車に乗るのでしょうか。私たちがスマートフォンのボタンを押すのは、そうすることで液晶画面がついたりアプリが立ち上がったりするというよい結果があるからなのです。券売機のボタンを押すのは、ボタンを押すことで切符が出てくるというよい結果があるからなのです。電車に乗るのも、そうすることで目的地に近づくというよい結果があるからなのです。

ここで科学の説明の特徴を指摘しておきます。「○○しようと思ったから」ある行動をすることは私たちの日常によくあることです。一方でそうした思いがなくても生じている行動もあります。科学では「○○しようと思ったから」などの説明を加えずに、1つの同じ説明の仕方でより多くの事象が説明できれば、それはよりよい説明であると考えられています。

私たちのオペラント行動は、次のような環境や状況の変化との相互作用を経て強化されていきます。

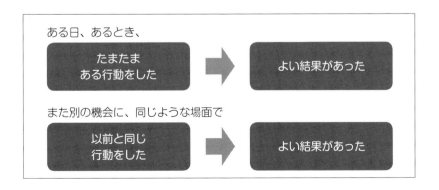

こういった行動とその前後の状況の変化という相互作用を繰り返すうち、ある行動をするようになったり、その行動をおこなう回数が増えたり、より長くおこなうようになったりする、つまり、ある行動が強化されていくというわけです。

　ところで、このよい結果には2つのタイプがあることに気づきましたか。1つは、行動した直後に、それ以前にはなかったり少なかったよいことが加わったり増えたりするという結果です。そしてもう1つは、行動した直後に、これまでに存在していた悪いことが消えたり減ったりするというものです。たとえば、先ほど登場したイタリアンレストランでアルバイトをしているミキさんの事例では、夜にレストランで仕事をすると、新しい料理や盛りつけ方を学ぶことができる、つまり「よいことが加わる・増える」という経験によって、さらに夜にも仕事をするという行動が増えました。一方のサオリさんの場合は、痛み止めの薬を服用することでこれまで存在していた頭痛や歯痛が解消される、つまり「これまで存在していた悪いことが消える・減る」という経験によって、さらに薬を服用するという行動が増えました。このように行動の強化には2つのタイプがあります。

　これらの例で、行動の直後に加わったり増えたりするよいことを、**好子**または**正の強化子**（positive reinforcer）、消えたり減ったりする悪いことを**嫌子**または**負の強化子**（negative reinforcer）と呼びます。この好子、嫌子については41ページから詳しく学習をします。

プログラム学習

学習日						
正解の数						

目標：行動の強化の2つのタイプを理解できるようになること。

課題：先ほどの事例1~10をもう一度読み、それぞれの事例に登場する人の行動が強化されたのは、①これまでに存在しなかったよいことが加わったり増えたりした結果なのか、②これまでに存在していた悪いことが消えたり減ったりした結果なのかを区別し、それは具体的にどのような結果なのかを記述しましょう。

事例1：夜にもアルバイトをするようになったミキさん
事例2：席を譲るようになったアキさん
事例3：近道を通るようになったショウイチさん
事例4：引っ越し先で新しいカフェに行くようになったトモさん
事例5：お化粧をするようになった大学生のジュリさん
事例6：業務報告をするようになった営業部のレイさん
事例7：痛み止めを服用するようになった高校生のサオリさん
事例8：部屋の電気をつけるようになったシュンくん
事例9：先生に質問をしに行くようになった大学生のサチコさん
事例10：ジムに通うようになったシゲルさん

解答

事例1：①盛りつけ方や新たなメニューなどがわかる
事例2：①感謝される
事例3：①数分早く到着する
事例4：①おいしいコーヒーがある
事例5：①「きれい」とほめられる
事例6：①部長がコメントしてくれる
事例7：②痛みが消える
事例8：①部屋が明るくなる / ②暗い部屋がなくなる
事例9：①先生に会える / ②疑問点が消える
事例10：①スリムな身体になる / ②体重が減る、出ていたお腹が引っ込む

事例によっては、その行動が強化されたのは、よいことが加わった結果なのか、悪いことが消えた結果なのかを区別することが難しい場合もあります。たとえば、事例8の場合、電気をつけることで明るくなるというよい結果が生じるからその行動が強化されたと説明することもできますし、逆に暗闇が消えるという結果によってその行動が強化されたと説明することもできるのです。事例9や事例10も同じです。客観的には同じ結果が生じても、その行動をする人にとってどの側面が強化として働いているかは異なる場合があることに注意してください。

エクササイズ

あなたや周りの人が日常的におこなっている行動や継続している行動（強化されている行動）を3つ思い出して書き出してみましょう。その際には死人テスト（死人にもできることは行動ではない）に引っかからないように「いつどこで○○している」という表現で具体的に書き出してみましょう。
そして、その行動が続いている（強化されている）のは、①これまでに存在しなかったよいことが加わったり増えたりした結果なのか、②これまでに存在していた悪いことが消えたり減ったりした結果なのかを考えてみましょう。
難しい場合は、次のヒントを使って考えてみましょう。

行動1

行動2

行動3

ヒント	好きな小説家の新刊が出たらすぐに本屋に行ってその本を手に入れる。 リビングの埃が目立ちやすいので週に4回は掃除機をかける。 雨が降っているときは傘をさす。 インターネットで最新のニュースをチェックする。 お腹が空いたら食堂に入ってメニューを見て注文をする。 気の置けない仲間と度々食事に行って、いろいろな会話をする。 鼻が詰まったらティッシュペーパーで鼻をかむ。

3 オペラント行動

「それをしないのはなぜ？」「その行動が続かないのはなぜ？」——弱化の原理

次の事例を読んでみてください。

事例11：幼稚園に通っているハルくんは木登りが好きで、この日も木に登っていたところ、足を滑らせて地面に落ちてしまいました。大きな怪我はありませんでしたが、とても怖い思いをしました。それ以降、ハルくんは木登りをしなくなったどころか、その木に近づくことさえしなくなりました。

事例12：4歳のケントくんは遊園地でお父さんにアイスクリームを買ってもらいました。1人で持って食べようとしたところ、ケントくんはアイスクリームを斜めに傾けてしまいました。するとアイスクリームが地面に落ちてしまいました。ケントくんはそれ以後、アイスクリームを1人で持つことはしなくなりました。

事例13：ジョギングが趣味の大学生のタケオさんは、週に5回ほど夜にジョギングをしています。ある日走っていると、足に痛みを感じました。翌日も走っていると、さらに痛みがひどくなり、それをかばうようにして走るために、今度は膝まで痛くなってきました。その日は途中でジョギングを中断し帰宅しました。その翌日、まだ足に痛みを感じるためジョギングには行きませんでした。病院に行って診てもらいましたが特に骨や筋に異常はないとの診断で、そのままジョギングをしましたが、やはり痛みを感じるため、走る距離を短くしたりゆっくり走ったりするようになりました。今では、週に2、3回程走るようにしています。

事例14：ある小学校の3年1組では、授業中に私語をしたり、教室内や廊下で走ったりすると担任の先生が休み時間を短縮するようにしました。最初の頃は、授業中に私語をする時間が全体の30％ほどありましたが、休み時間を短縮するようになった今は5％ほどに減っています。教室や廊下で走る児童は最初クラスの25％ほどいましたが、それも2％ほどに減っています。

事例15：電車通勤をしているカヨコさんは、電車の乗り換えに便利な車両に乗っていました。ところがどういうわけか最近その車両に乗ってくる人が増え、満員の中を通勤することになってしまいました。満員電車の苦手なカヨコさんはその車両に乗るのをやめてしまいました。

事例16：主婦のユリさんはいつも車でスーパーマーケットへ買い物に出かけます。これまではお店の前に路上駐車をしていても何のおとがめもありませんでした。ところがある日、いつものように買い物を終えて車に戻ってみるとフロントガラスに駐車禁止のステッカーが貼られているのに気がつきました。そして後日、高い罰金を払うことになりました。それ以後、ユリさんは路上駐車をしなくなりました。

事例17：大学生のリコさんはボーイフレンドと週末に遊園地へ行く約束をしました。その日の朝は早起きをして慣れないながらもお弁当を手作りしました。遊園地でお弁当を開けると中身が崩れておいしそうではありませんでした。ボーイフレンドもリコさんのお弁当を見てから、それまでの笑顔が減っていき、それでリコさんは悲しくなりました。それからのデートではもうリコさんはお弁当を作らなくなってしまいました。

事例18：学生のシンジさんは、学校の帰り道に新しくできた散髪屋に入って髪を切ってもらいました。イメージしていた髪型とは違いかなり短い髪型となってしまい、とても嫌な気分になりました。それからは、もう二度とその散髪屋に行かなくなりました。

事例19：大学生のカイさんは、英語で書かれた心理学の専門書を読んでいます。最初は週に20ページほど読み進めることができましたが、内容が難しく、専門用語も頻出し、読むことが辛くなっていきました。最近では週に3ページほどしか読み進めることができません。

事例20：高校生のツヨシさんは、仲のよかった友人からの相談に乗って、正直にいろいろとアドバイスをしました。すると、その友人からは「そんなにひどい言い方をしなくてもいいのに。相談をして逆に辛くなった」と言われてしまいました。それ以来その友人とは会話をすることはおろか、目を合わせることもできなくなりました。

エクササイズ

これらの事例はそれぞれに登場する人も状況も異なりますが、ある共通点があります。どのようなところで共通しているでしょうか。自由に考えてみましょう。

どの事例も共通して、それぞれにある行動をしなくなったり、その行動が弱まったりしています。そして、それぞれの行動の直後に何かしら悪いことが起こっている点も共通しています。

ここで着目する点は「たまたまある行動をしたら悪い結果があった。だからそれ以後その行動をしなくなった」ということです。これを行動分析学では行動が減る・弱まるという意味で行動が**弱化（punishment）**されたといいます。この過程を**罰**と呼ぶこともありますが、これは「体罰」や「懲罰」といった用語を連想させてしまうため（島宗他, 2015）、最近では罰と呼ばずに弱化という言い方をするようになってきています。本書でもそれにしたがって弱化と呼びます。

私たちがある行動をしなかったり、その行動をするのをやめてしまったり、頻繁にはおこなわなくなったりするのは、その行動をすることによって、自分にとって悪い結果がもたらされたからなのです。別の言い方をすれば、それまでにしていた行動をしなくなったとすれば、何らかの弱化が働いているか、55ページ以降で説明する消去が生じていると考えられます。決して「やる気がないから」「興味がないから」「能力がないから」「したくないから」といった理由でその行動をしていないのではありません。

ところで、この悪い結果にも2つのタイプがあることに気づきましたか。1つは、行動した直後にこれまでに存在しなかった悪いことが加わる・増えるという結果です。そして、もう1つは、行動した直後にこれまでに存在していたよいことが消える・減るという結果です。たとえばジョギングが趣味のタケオさんの場合、走ることで足の痛みを感じる、つまりこれまでにはなかった悪いことが加わる・増えるという経験によって、走る回数が減っていきました。逆にアイスクリームを落としてしまったケントくんの場合は、アイスクリームを1人で持つことで、アイスクリームが落下し消えてしまう、つまりこれまでに存在していたよいことが消える・減るという経験によって、アイスクリームを1人で持つという行動が減りました。このように行動の弱化にも2つのタイプがあるのです。

そしてここでは強化と2つの点で逆になっていることに注意してください。これらの例では加わったり増えたりした悪いことを嫌子または負の強化子といい、消えたり減ったりしたよいことを好子または正の強化子と呼びます。強化の項目では増えたり加わったりしたものが好子または正の強化子でしたが、ここでは嫌子または負の強化子が増えたり加わったりしています。そして、強化では消えたり減ったりしたものが嫌子または負の強化子でしたが、ここでは、好子または正の強化子が消えたり減ったりしています。これら好子と嫌子ついては後ほど詳しく学んでいきます。

プログラム学習	学習日						
	正解の数						

目標：行動の弱化の2つのタイプを理解できるようになること。
課題：先ほどの事例11〜20をもう一度読み、それぞれの事例に登場する人の行動が弱化されたのは、①これまでに存在しなかった悪いことが加わったり増えたりした結果なのか、②これまでに存在していたよいことが消えたり減ったりした結果なのかを区別し、それは具体的にどのような結果なのかを記述しましょう。

事例11：木登りをしなくなったハルくん
事例12：アイスクリームを持たなくなった4歳のケントくん
事例13：ジョギングの回数を減らした大学生のタケオさん
事例14：私語をしたり廊下を走ったりすることが減った3年1組
事例15：満員の車両に乗らなくなったカヨコさん
事例16：路上駐車をしなくなった主婦のユリさん
事例17：お弁当を作らなくなったリコさん
事例18：ある散髪屋に行かなくなった学生のシンジさん
事例19：英文の専門書を読まなくなった大学生のカイさん
事例20：友人と会話しなくなった高校生のツヨシさん

解　答	事例11：①木から落ちて痛い経験をした 事例12：②アイスクリームが落ちてなくなった 事例13：①足の痛みが出現した 事例14：②休み時間が減らされた 事例15：①満員電車に巻き込まれた 事例16：②罰金を支払った 事例17：①お弁当が崩れていた／②ボーフレンドの笑顔が少なくなった 事例18：①変な髪型にされた／②髪の毛がかなり短くなった 事例19：①読んでも内容が難しかった 事例20：①友人から厳しいコメントをもらった

　強化と同じく、弱化の場合も、その行動が弱化されたのは悪いことが加わったからなのか、よいことが消えたからなのかを厳密に区別することが難しい場合もあります。たとえば、事例17の場合、見た目の悪いお弁当という悪い結果が生じたから、それ以降お弁当を作らなくなったと説明することもできますし、ボーイフレンドの笑顔が消えたという結果によってその行動が弱化されたと説明することもできるのです。

エクササイズ

多くの人にとって弱化されている行動の例を以下に挙げました。この中から3つの行動を選び、これらの行動が現在継続されていない（弱化されている）のは、①これまでに存在しなかった悪いことが加わったり増えたりした結果なのか、②これまでに存在していたよいことが消えたり減ったりした結果なのかを考えてみましょう。

弱化されている行動の例	例Ⓐ：きれいなスニーカーで水たまりの中に入る。 例Ⓑ：怖い先生の前で子どもたちが私語をする。 例Ⓒ：料理のまずい飲食店に入る。 例Ⓓ：パトカーが近くを走っているときにスピードを出す。 例Ⓔ：熱したフライパンを素手で触る。 例Ⓕ：熱湯のお風呂に入る。

行動1

行動2

行動3

私たちの行動を左右するもの
——好子（正の強化子）・嫌子（負の強化子）

　ここから好子と嫌子について詳しく学習をしていきます。私たちがある行動をするようになったり、逆にある行動をしなくなったりするのは、この好子と嫌子の出現や消失が私たちの行動に大きな影響を与えているからというのは、強化と弱化の項目で学びました。

　好子（positive reinforcer）とは、ある行動の直後に生じたり呈示したりすることで、それ以後その行動が増えたり強まったりする出来事やものごと、刺激などのことです。**正の強化子**ともいわれます。

　嫌子（negative reinforcer）とは、ある行動の直後に消失したり減少したりすることで、それ以後その行動が増えたり強まったりする出来事やものごと、刺激のことです。**負の強化子**ともいわれます。

　「正の」とはそれが生じることで、「負の」とはそれがなくなることで行動を強化する刺激「子」と考えるとよいでしょう。逆に生じることで行動を弱めるものを正の弱化子（positive punisher）、なくなることで行動を弱めるものを負の弱化子（negative punisher）と呼ぶこともあります。

　好子と**強化子**（reinforcer）が同義語として扱われることもありますが、好子は強化子の1つのタイプです。強化子とは行動の直後に呈示したり取り除いたりすることで、やがてその行動が起こりやすくなるものごとの総称ですから、好子と嫌子の両方がこれに含まれます。

プログラム学習

	学習日					
	正解の数					

目標：好子と嫌子の特徴や定義をキーワードを使って説明できるようになること。
課題：好子と嫌子の説明文をもう一度読み、次の問題文の空欄にキーワードを入れましょう。すぐに答えを確認しましょう。

行動の直後に呈示したり増えたりすることによって、その行動がやがて増えたり長続きしたりするようになった場合、その呈示したり増えたりしたものごとを**Ⓐ**　　　　　といいます。別の言い方では**Ⓑ**　　　　　といいます。行動の直後にこの**Ⓐ**　　　　　を取り除いたり減らしたりすることで、やがてその行動をおこなう頻度は**Ⓒ**　　　　　していきます。

一方で、行動の直後に消失したり減少したりすることによって、その行動がやがて増えたり長続きしたりするようになった場合、その消失したり減少したものごとを**Ⓓ**　　　　　といいます。別の言い方では**Ⓔ**　　　　　といいます。行動の直後にこの**Ⓓ**　　　　　を取り除いたり減らしたりすることで、やがてその行動をおこなう頻度は**Ⓕ**　　　　　していきます。

Ⓐ　　　　　と**Ⓓ**　　　　　を総称して**Ⓖ**　　　　　といいます。

解答：Ⓐ好子　Ⓑ正の強化子　Ⓒ減少　Ⓓ嫌子　Ⓔ負の強化子　Ⓕ増加　Ⓖ強化子

さまざまな好子・嫌子

①ほぼ万人に共通の好子・嫌子——1次性（生得性）強化子

　食べ物、飲み物、休息、疲労、痛み、かゆみ、不快な音などは私たち動物が生命を維持し、子孫を残していくために必要な万人に共通の強化子で、生まれたときからすでに好子や嫌子としての機能をもっているものです。これを **1次性好子**または**生得性好子**（primary positive reinforcer or unlearnt positive reinforcer）、**1次性嫌子**または**生得性嫌子**（primary negative [aversive] reinforcer or unlearnt negative [aversive] reinforcer）といいます。私たちは食べ物を食べることで空腹を満たすことができます。水を飲むことで喉の渇きを和らげることができます。休息を取ることで疲労を取り除くことができます。痛みやかゆみなどの不快があればそれを和らげるために薬を飲んだりその部位をこすったりします。これらは私たちが生まれたときからすでに好子や嫌子としての機能をもっているものなのです。

②一人ひとり好きなものや嫌いなものが違う理由——2次性（習得性）強化子

　それとは逆に、私たちがさまざまな経験をしながら生きていく中でそれが好子や嫌子としての機能をもつようになったものを **2次性好子**または**習得性好子**（secondary positive reinforcer or learnt positive reinforcer）、**2次性嫌子**または**習得性嫌子**（secondary negative [aversive] reinforcer or learnt negative [aversive] reinforcer）といいます。たとえば好きな芸能人の写真とか音楽、人との交流、新しい知識や情報、地位や名声、お金、スピード違反の取り締まり、物を買うこと、誰かにお礼を言われること、美しい風景を見ること、友人や家族の存在、注意や叱責、罰を受けることなどは経験の中で好子や嫌子としての機能をもつようになっていったものです。

　もともとは中性的な刺激であったものが、すでに好子や嫌子として機能している刺激とセットになることで、その中性的な刺激も好子や嫌子としての価値をもつようになります。これはちょうどパヴロフ型条件づけで学習した中性刺激と無条件刺激の対呈示の過程と似ています。パヴロフ型条件づけでは、もともとは特定の反応を引き起こさなかった中性刺激と、生まれながらにすでに私たちに特定の反応を引き起こす無条件刺激とを対呈示することで、中性刺激に対しても私たちは反応をするようになることを学習しました。

　たとえば、100万円の札束は生まれたばかりの赤ちゃんにとっては好子ではありません。ところが、おそらく日本で生活をする多くの人にとっては好子です。これは、本来は中性的な刺激であったお金と、1次性好子である食べ物、飲み物、休息などとが対になったり、お金を使うことが1次性好子である食べものなどを得ることで強化されるなどの経験をとおして、お金が好子としての機能をもつようになったからです。現代社会では、お金がなければ、食べ物も飲み物も、安全に休息する家や部屋を得ることもできません。そしてその好子であるお金を取られることで、スピード違反や路上駐車の取り締まりをする警察官などは私たちにとって嫌子となる場合もあるのです。

私たち一人ひとりが好きなものや嫌いなものが違う理由の1つはここにあるかもしれません。ある人はアイドルが好きでも他の人はスポーツ選手が好きとか、お金を稼ぐことが好子の人もいれば、それよりも仕事でさまざまなプロジェクトをこなしていくことそのものが好子の人もいます。誰かと賑やかに過ごすことが好子の人もいれば、それが嫌子であるがために1人で静かに過ごすことを選択する人もいます。つまり、生得的な傾向を出発点として一人ひとりの経験によって、行動だけでなく好き嫌いも変化していくのです。

》「普通は好きでしょ？　嫌いでしょ？」は意味をもたない

　好子・嫌子というのは一般常識的なよいこと・悪いこととは意味が異なります。それが好子や嫌子であるかを判断するのは、一般常識的な判断ではなく、行動の直後に呈示することでその行動がやがて増えるか減るか、行動の直後に取り除くことでその行動がやがて増えるか減るかを確認することのほか方法はありません。たとえば「親や先生、上司に叱られること」は社会常識的には悪いことと評価されるものですし、「みんなの前でほめられること、表彰されること」はよいことに分類されます。ところが、人によっては叱られることが好子となることもあれば、ほめられることが嫌子となることもあるのです。先生に何度叱られてもそれに懲りずに、先生の反感をあえて買うような行動を繰り返す子どももいます。クラスメイトの前で発言したり大勢の前で先生にほめられたりするのが恥ずかしくて、目立つような行動をしなかったという経験をもつ人もいるでしょう。筆者にとってはタバコの匂いや煙は臭くて煙たいもので、なるべく吸っている人や喫煙コーナーから遠ざかろうとしますが、一方でタバコが好子となって、頻繁に吸ったり喫煙所を探し回ったりする人もいます。

》お手伝いをするのはお小遣いのため？　それとも……？
──付加的強化随伴性と行動内在的強化随伴性

　私たちの行動は好子が出現するか嫌子が消失することで強化されます。誰かによって、あるいは何かの機能によって外部から付加的に好子の出現や嫌子の消失が生じることで行動が強化される場合を**付加的強化随伴性（adjunctive contingency）**といいます。それとは逆に、行動することで自然に好子が出現したり嫌子が消失したりして、その行動が強化されることがあります。これを**行動内在的強化随伴性（behaviour intrinsic contingency）**といいます。随伴性という聞き慣れないキーワードが登場しましたが、これについては50ページで学習をします。ここでは、行動に何らかの結果が伴うこと、あるいは、行動の直後に好子が出現したり、嫌子が消失したりする関係のことと理解しておいてください。

　たとえば、次のような日常例を考えてみましょう。3人の子どもがそれぞれの家庭でお

皿洗いのお手伝いをしています。1人はお皿1枚につき5円のお小遣いを親からもらってお手伝いをしています。もう1人はお皿を洗う度に親がほめてくれるので、それでお手伝いが続いています。もう1人はお小遣いをもらわずに、親にほめてもらうこともなく、それでも1人でお手伝いをしています。最初の2人はお小遣いとか親にほめてもらうといった外部からの付加的な好子によって行動が強化されています。これが付加的強化随伴性の例です。最後の1人は、そういった付加的な好子ではなく、お皿を洗うことそれ自体によって「きれいになって気持ちがよい」「汚れが取れてすっきりした」といった自然な好子の出現や嫌子の消失が伴い、それによって行動が強化されています。これが行動内在的強化随伴性の例です。

家や学校、大学などで子どもや学生を教育したり、職場で社員を指導したりしていくときに、理想的には付加的強化随伴性ではなく、行動内在的強化随伴性によって学び手の行動を強化していきたいものです。親にほめられるからとか先生に叱られるから、あるいはテストでよい点を取るために勉強するといった付加的強化随伴性ではなく、知らなかったことがわかるようになることが嬉しいとか、新たな知識や技術を増やすことが楽しいといったように、行動することによって自然に出現する行動内在的な好子によって行動できるようにしていきたいものです。

 ## 大好きなケーキも毎日だとうんざり？
真夏の炭酸飲料は最高！――確立操作

みなさんにも次のような経験があると思います。

- コメディが好きなセイジさんは、新しく出たばかりのDVDを買ってきて毎晩観ていました。最初は毎日のように観ていましたが、何日も同じDVDを観続けるとさすがに飽きてきてしまいました。それから3ヵ月ほど観ないでいると、久しぶりにまたそのDVDが面白くなり再び観始めました。
- 引っ越してきたばかりのマナブさんは、近くにおいしそうなケーキ屋を見つけました。これまでに食べたこともないようなケーキがもの珍しく、毎日ケーキを買っては食べていましたが、次第に買う頻度が下がっていきました。
- 実家を離れて一人暮らしをしているユキコさんが半年ぶりに帰省をして、母親の作る手料理を食べました。半年前までは毎日のように食べていた母親の手料理ですが、久しぶりに食べるその味はとても懐かしく、とてもおいしく感じられました。
- マユコさんは、真夏の夕方に汗をかいて帰宅しました。そして冷蔵庫からよく冷えた炭酸飲料を取り出して飲みました。あっという間に飲み干してしまいました。
- 大切な恋人や友人が勉強や仕事、あるいは長期休暇などでしばらく会えない状況が続いた後に、久しぶりに会うと、相手のことをとても愛おしく思えるようになることがあります。

これらはすべて**確立操作（establishing operation）**と呼ばれるものです。確立操作とは、強化子（好子や嫌子）に対する私たち生体の感受性を変化させる操作や手続きのことです。別の言い方をすれば、好子や嫌子の機能や、好子や嫌子に対する生体の感受性を高めたり低めたりする操作のことです。確立操作は次の2つに大別されます。

　まず、好子や嫌子の機能が下がるような操作を**飽和化（satiation）**といいます。同じDVDを何度も観すぎたり、毎日のようにケーキを食べ続けたりすると、これまでは好子であったDVDやケーキが好子としての機能を一時的に失ってしまいます。つまり、DVDを観たりケーキを買いに行ったりする行動が起こらなくなってしまいます。簡単にいえばその強化子に「飽きてしまった・慣れてしまった」状態です。飽和化の起こっている状態でも、しばらくDVDを観ないでいるとかケーキを食べないでいる状態が続くと、再びその機能が元の状態に戻っていきます。

　次に、飽和化とは逆の現象があり、これを**遮断化（deprivation）**といいます。遮断化とは、好子を一定期間呈示しないでいることでその好子の機能が高まることをいいます。久しぶりに実家で食べる母親の手料理や久しぶりに会う恋人や友人というのは、それまで久しくその好子に触れていないという状況によって、好子の価値が高まっています。恋人と毎日会うよりも、たまに会わない時間を作って久しぶりにデートをしたときの方が楽しかったり、相手のことをより魅力的に感じたりするのはこの遮断化によるものです。

プログラム学習

学習日						
正解の数						

目標：確立操作の定義をキーワードを使って説明できるようになること。
課題：確立操作の項目をもう一度読み、次の問題文の空欄にキーワードを入れましょう。すぐに答えを確認しましょう。

強化子（好子や嫌子）の機能や価値を高めたり低めたりする操作のことを❹　　　　といいます。どんなに好きなものであってもその好子に頻繁に触れることによってその好子は好子としての機能や価値を一時的に失います。この操作や状態を❺　　　　といいます。
❺　　　　とは逆に、その好子に触れる機会を一時的に中断することによって、その好子の機能や価値は以前にも増して高まります。この操作や状態を❻　　　　といいます。

解　答　❹確立操作　❺飽和化　❻遮断化

オペラント条件づけの4つの基本パターン

ここで復習のために強化と弱化の定義をもう一度学習しましょう。

行動の**強化**とは、あるオペラント行動の直後に好子が呈示されたり、あるいはもともとあった嫌子が取り除かれることで、その行動がやがて増えたり強まったりすることをいいます。つまりこれまでやっていなかったことをするようになったり、あまり続かなかったことが継続されるようになったり、その行動をする回数が増えたり、より頻繁に、強くおこなうようになったりすることを強化というのです。行動が形成、維持されるともいいます。

それとは逆に、ある自発的行動の直後に嫌子が呈示されたり、もともとあった好子が取り除かれたりすることで、その行動がやがて減ったり弱まったりすることを行動の**弱化**と呼びます。今までやっていたことをやめてしまったり、やってみたけれど継続されなかったり、その行動をする回数が減ったり、弱まったりするようになることを弱化というのです。行動が抑制されるともいいます。

オペラント条件づけには、これら強化と弱化、好子と嫌子の組み合わせからなる4つの基本パターンがあります。表3にこれらの組み合わせからなる4つの基本的なオペラント条件づけをまとめました。

行動が増える、つまり行動が強化されるパターンには、行動した結果として、①これまでになかったり少なかったりした好子が呈示されたり増えたりするもの（出現するもの）と、②これまでにあった嫌子が取り除かれたり減ったりするもの（消失するもの）がありました。

一方の行動が減る、つまり弱化されるパターンにも、行動した結果として、①これまでになかったり少なかったりした嫌子が呈示されたり増えたりするもの（出現するもの）と、②これまでにあった好子が取り除かれたり減ったりするもの（消失するもの）がありました。

表3 オペラント条件づけの4つの基本パターン

	行動することで好子・嫌子が	
	出現・増加する	消失・減少する
好子	**好子出現による強化（正の強化）**	**好子消失による弱化（負の弱化）**
嫌子	**嫌子出現による弱化（正の弱化）**	**嫌子消失による強化（負の強化）**

ここで学習するキーワードは表3に太字で示した4つです。少し表現が難しく感じられるかもしれませんが、これはとても重要な用語ですので何度か読み返したり、プログラム学習を通じてこれらのキーワードを覚えていきましょう。たとえば**好子出現による強化**は、「好子が出現することによってその行動が強化される」を短縮して表現したものと理解すればわかりやすいかもしれません。ここからこのオペラント条件づけの4つの基本パターンについて詳しく学習をしていきます。

プログラム学習

学習日					
正解の数					

目標：オペラント条件づけの基本的な学習過程についてキーワードを用いながら説明できるようになること。

課題：強化と弱化の説明をもう一度読み、次の問題文の空欄にキーワードを入れましょう。終わったらすぐに答えを確認しましょう。

私たちの自発的なⒶ　　　　が増えたり、さらにおこなう回数が増えたりすることをⒷ　　　　といいます。逆に減ったり弱まったりすることをⒸ　　　　といいます。

行動することでよい結果が伴うと、その行動はⒷ　　　　されます。逆に悪い結果が伴うと、その行動はⒸ　　　　されます。

私たちの行動が強化されるときのよい結果には2つのパターンがあります。1つは行動することで何かが加わったり増えたりすることでその行動がⒷ　　　　されるものです。このとき加わったり増えたりしたものをⒹ　　　　といいます。

もう1つは行動することでこれまでにあったものが取り除かれたり減ったりすることでその行動がⒷ　　　　されるものです。このとき取り除かれたり減ったりしたものをⒺ　　　　といいます。

私たちの行動が弱化されるときの悪い結果にも2つのパターンがあります。1つは行動することで何かが加わったり増えたりすることでその行動がⒸ　　　　されるものです。このとき加わったり増えたりしたものをⒺ　　　　といいます。もう1つは行動することでこれまでにあったものが取り除かれたり減ったりすることでその行動がⒸ　　　　されるものです。このとき取り除かれたり減ったりしたものをⒹ　　　　といいます。

解　答　Ⓐ行動　Ⓑ強化　Ⓒ弱化　Ⓓ好子　Ⓔ嫌子

①**基本パターン1：好子出現による強化**

　ある行動をした結果、行動する前には存在しなかったある結果が生じることで、今後その行動が増えたり強まったりすることを**好子出現による強化（positive reinforcement）**といいます。何かが生じることで行動が増える、つまり好子が出現することで行動が増えることから、好子出現による強化というわけです。他の言い方では、行動の結果として好子がプラス（＋）されることで行動が強化されますから**正の強化**とも呼ばれています。

　行動の前後関係を図示すると次のようになります。行動の直前にはまだよいことがない状態（好子なし）ですが、ある行動をおこなった直後によいことが起こる（好子あり）という関係を表しています。

　ちなみにこの図式を**随伴性ダイアグラム**といいますが、これについては50ページで解説をします。

　具体例を図に入れて考えてみましょう。29ページで登場した事例1の調理師を目指すミキさんの例をもう一度読んでください。ミキさんの場合は、ベテラン調理師と一緒に仕事のできる夜に仕事をすることで、新しいメニューを知ることができたり、新しい盛りつけ方を学んだりすることができるという好子が出現しました。これを図示すると次のようになります。

②**基本パターン2：嫌子消失による強化**

　ある行動をした結果、行動する前には存在していたものがなくなるという結果によって、今後その行動が増えたり強まったりすることを**嫌子消失による強化（negative reinforcement）**といいます。何かが消失することで行動が増える、つまり嫌子が消失することで行動が増えることから嫌子消失による強化というわけです。他の言い方では、行動の結果として嫌子がマイナス（－）されることで行動が強化されますから**負の強化**とも呼ばれています。

　これも図示すると次のようになります。行動の直前には嫌子がある状態で、行動した直後にその嫌子が消失する関係を示しています。

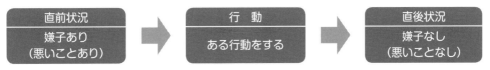

これも具体例で考えてみましょう。30ページの事例7 サオリさんの例をもう一度読んでください。サオリさんの場合は、薬を飲むことでそれまでにあった頭痛という嫌子が消失するという結果によって、その薬を飲む行動が強化されました。この関係を図示すると次のようになります。

③**基本パターン3：嫌子出現による弱化**

　ある行動をした結果、行動する前には存在しなかったある結果が生じることで、今後その行動が減ったり弱まったりすることを**嫌子出現による弱化（positive punishment）**といいます。何かが生じることで行動が減る、つまり嫌子が出現することで行動が減ることから嫌子出現による弱化というわけです。他の言い方では、行動の結果として嫌子がプラス（＋）されることで行動が弱化されますから**正の弱化**とも呼ばれています。

　これを図示するとこのようになります。行動の直前にはまだ嫌子がない状態で、行動をした直後に嫌子が出現したことを示しています。

　35ページの事例11 ハルくんの例を用いて具体的に考えてみましょう。ある日、木登りをしたところ、木から落ちて痛みという嫌子が出現するという結果によって、木登りをしたり木に近づいたりする行動が弱化されました。

④**基本パターン4：好子消失による弱化**

　ある行動をした結果、行動する前に存在していたものがなくなるという結果によって、今後その行動が減ったり弱まったりすることを**好子消失による弱化（negative punishment）**といいます。何かが消失することで行動が減る、つまり好子が消失することで行動が減ることから好子消失による弱化というのです。他の言い方では、行動の結果として好子がマイナス（−）されることで行動が弱化されますから**負の弱化**とも呼ばれています。

　これを図示すると次のようになります。行動の直前には好子が存在している状態で、行動した直後にその好子が消失したことを示しています。

3 オペラント行動

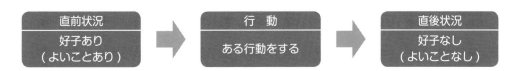

35ページの事例12ケントくんの例を用いて具体的に考えてみましょう。ケントくんはアイスクリームを1人で持った直後に、アイスクリームを傾けて落としてしまいました。アイスクリームという好子が消失する結果によって、アイスクリームを1人で持つという行動が弱化されました。これを図示すると以下のようになります。

プログラム学習

学習日						
正解の数						

目標：オペラント条件づけの4つの基本パターンをキーワードを使って説明できるようになること。
課題：オペラント条件づけの4つの基本パターンの説明文をもう一度読み、以下の問題の空欄を埋めましょう。すぐに答えを確認しましょう。

行動が強化されたり弱化されたりするオペラント条件づけには、次の表に示したように4つの基本パターンがあります。

	行動することで好子・嫌子が	
	出現・増加する	消失・減少する
好子	Ⓐ	Ⓑ
嫌子	Ⓒ	Ⓓ

Ⓐ　　　　　　　　は、行動した結果Ⓔ　　　　が出現し、それによってやがて行動がⒻ　　　されるものです。
Ⓑ　　　　　　　　は、行動した結果Ⓖ　　　　が消失し、それによってやがて行動がⒽ　　　されるものです。
Ⓒ　　　　　　　　は、行動した結果Ⓘ　　　　が出現し、それによってやがて行動がⒿ　　　されるものです。
Ⓓ　　　　　　　　は、行動した結果Ⓚ　　　　が消失し、それによってやがて行動がⓁ　　　されるものです。

解　答	Ⓐ好子出現による強化（正の強化） Ⓑ好子消失による弱化（負の弱化） Ⓒ嫌子出現による弱化（正の弱化） Ⓓ嫌子消失による強化（負の強化） Ⓔ好子　Ⓕ強化　Ⓖ好子 Ⓗ弱化　Ⓘ嫌子　Ⓙ弱化　Ⓚ嫌子　Ⓛ強化

反応強化子随伴性と随伴性ダイアグラム

　ここまでオペラント条件づけの基本である、ある行動をした結果、何かよいことがあってそれ以後その行動が増えたり、悪いことがあって行動が減ったりする関係を学習してきました。このような行動（反応）と結果との関係を**反応強化子随伴性（response-reinforcer contingency）**と呼びます。随伴性とは、何かと何かが伴っている・関係しているという意味で、ここでは私たちの行動（反応）とそれに伴って生じたり消失したりする強化子（好子や嫌子）との関係のことを反応強化子随伴性といいます。

　図3は、反応強化子随伴性を示したもので、この図を**随伴性ダイアグラム（contingency diagram）**と呼びます。これは先ほどのオペラント条件づけの4つの基本パターンを説明する際に使ったものと同じ図です。ダイアグラムの真ん中の行動の枠の中には、強化されたり、弱化されたりしている行動を具体的に記入します。直前状況の枠の中には、その行動の直前に好子や嫌子があるのか、ないのかを示します。「○○あり」「○○なし」と表記します。直後状況の枠の中には、その行動の結果として好子や嫌子が出現したのか消失したのかを示します。同じように「○○あり」「○○なし」と表記します。

図3　随伴性ダイアグラム（contingency diagram）

3　オペラント行動

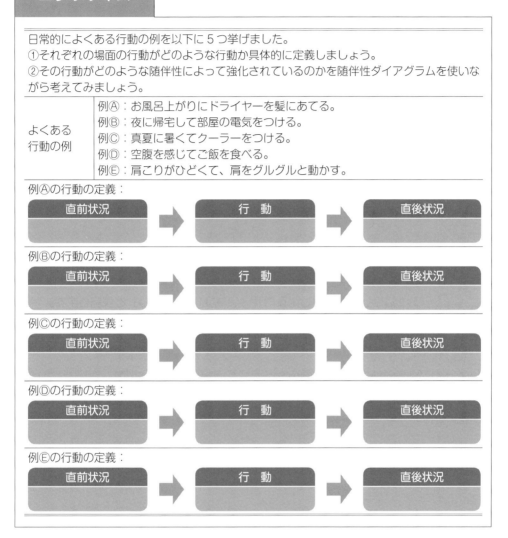

みなさんが生活の中でおこなっている行動にはどのような随伴性が働いているのでしょうか。1つの行動が、2つ以上の随伴性によって形成されていることもよくあるものなのです。お風呂上がりにドライヤーで髪を乾かすのは、そうすることで乾いたさらさらの髪になるという結果があるからかもしれません。それと同時に、これまで濡れていた状態の髪がなくなるという結果があるからかもしれません。夜に部屋の電気をつけるのも、明るさという好子が出現するからという場合もあれば、暗さという嫌子が消失するからという場合もあるのです。同じ行動をしているとしても、人によってその好子や嫌子が異なっているかもしれません。行動分析学ではこのように個人によって好子や嫌子が異なるという前提に立ちながらも、一人ひとりの行動を共通した原理で捉えようとしていることに注意してください。

例Ⓐの行動の定義：ドライヤーを髪にあてる

例Ⓑの行動の定義：部屋の電気のスイッチを押す

例Ⓒの行動の定義：クーラーのリモコンのスイッチを押す

例Ⓓの行動の定義：ご飯を食べる

例Ⓔの行動の定義：肩をグルグル動かす

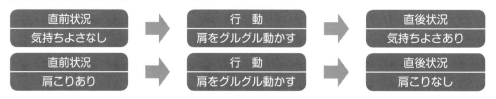

3 オペラント行動

エクササイズ

最近のあなた自身や周りの人の行動を3つ思い出してください。
①その行動がどのような行動なのかを死人テスト（死人にもできることは行動ではない）に気をつけながら定義してください。
②次に、随伴性ダイアグラムを使って、その行動がどのような随伴性によって強化されているのかを考えましょう。
難しい場合はヒントを参考にあなたや周りの人の行動を思い出してみましょう。

行動の定義：

行動の定義：

行動の定義：

ヒント	餃子を食べた後にミント味のガムを噛む / 食後に歯磨きをする / 新聞を読む / ご飯を食べる / お風呂に入る / 首や肩を動かしてストレッチをする / 友だちに「おはよう」と声をかける / ゴミをゴミ箱に入れる / 電車の中でスマートフォンを見る / テレビのスイッチをつける / 雨の日に傘をさす

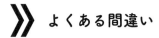 よくある間違い

　随伴性ダイアグラムに行動とその結果を書き込む際、時々次のような間違いをしてしまうことがあります。行動の項目に「〇〇しなかったとき」「〇〇せずにいたら」といった表現で行動をしなかったときのことを書き込んでしまったり、「時間に遅れてしまったとき」「失敗してしまったとき」といった何らかの行動の結果として生じた状態を行動として書き込んでしまったりすることがあります。8ページで学習した死人テストを思い出してください。「否定形」「受け身形」で表現されるものや「状態」を表すものは、動詞で表現されていたとしても行動として扱いません。

間違い①**靴を下駄箱にしまわなかったら**→親に叱られた
間違い②**お化粧を落とさずに寝てしまったら**→次の日、肌の調子が悪かった
間違い③**傘を持って行かなかったら**→髪と洋服が雨で濡れた
間違い④**勉強をしなかったら**→テストの問題がまったく解けなかった

　①～④の太字で示した表現は「〇〇しない」という表現で死人にもできることですので行動ではありませんから、随伴性ダイアグラムに入れることはできません。①「靴を下駄箱にしまわなかった」は「玄関で靴を脱ぎっぱなしにしておく」に書き替えることで行動として取り扱うことができます。④「勉強をしなかった」は「夜までゲームをしていた」「マンガを読んだ」などの具体的におこなった行動として考えます。②「お化粧を落とさずに寝る」や③「傘を持って行かなかった」は、後ほど登場する**阻止の随伴性**（77ページ）によってこれらの行動の仕組みを説明します。

間違い⑤**約束の時間に遅刻したら**→叱られた
間違い⑥**寝坊をしたら**→電車に乗り遅れた
間違い⑦**仕事で失敗をしたら**→お客さんからクレームの電話が殺到した
間違い⑧**レンタルビデオの返却期限を過ぎたら**→超過料金を取られた

　⑤～⑧の太字で示した表現は、何らかの行動の結果として生じた状態や結果を表しているもので行動ではありませんから、これも同じように随伴性ダイアグラムに入れることはできません。このような状態をもたらした原因となった行動がどのようなものであるのかを辿っていきます。⑤や⑥の場合は、「前の晩に遅くまでゲームをしていた」「ぎりぎりまで長電話をした」などその状態をもたらした何かしらの原因となる行動を見つけていきます。ただし「時計をセットし忘れた」「約束の時間を確認し忘れた」「朝方まで眠れなかった」などは、先ほどの②～④と同じで行動ではありませんからこれも随伴性ダイアグラムに入れることはできません。⑦「仕事で失敗をした」は「発注の伝票を再度チェックしなかった」「上司に確認作業を依頼するのを忘れた」などと書き替えることができますし、⑧「返却期限を過ぎた」も「返却日までに返却しなかった」などと書き替えることができますが、これらも上記と同様に行動ではありませんので、同じく阻止の随伴性で説明をします。

もはやその行動には意味がない!?
──消去の原理

　ここまでオペラント条件づけの4つの基本的な学習パターンである反応強化子随伴性について学んできました。ここでさらにもう1つの反応強化子随伴性について学びましょう。まずは次の事例を読んでください。

> 事例21：大学生のハナコさんは、高校時代からの親友とメールでやりとりをしています。普段は会えないため、週に4回はメールで近況報告などのやりとりをしています。ところが最近になって、その親友にメールを送ってもなかなか返事が来なくなってしまいました。最初のうちは心配になって電話をかけたり、もっと頻繁にメールを送ったりもしましたが、それでもなかなか返信がないので、この頃はハナコさんもメールを送らなくなってしまいました。

事例22：5歳のケンタくんはお父さんと遊ぶことが大好きです。ある日、お父さんが新聞を読んでいる最中にケンタくんが「遊ぼう」と誘いましたが、お父さんは新聞に夢中になってまったく取り合ってくれません。ケンタくんは何度も「遊ぼうよ」と声をかけましたがお父さんはちっとも遊んでくれないので、とうとうケンタくんはお父さんが新聞を読んでいる間は遊びに誘わなくなってしまいました。

> 事例23：大学生のリオさんは友だちに勧められてある美容クリームを使い始めました。1ヵ月ほど使ってみましたが、思ったような美肌効果がなく、結局その美容クリームを使わなくなってしまいました。

事例24：テツオさんは登山が趣味で、ある登山家のホームページにアクセスして美しい山の写真やその人が紹介する登山日記を閲覧していました。ところがこの半年、その登山家がホームページをまったく更新しなくなってしまいました。何度チェックをしても最新の情報がありません。テツオさんはとうとうその登山家のホームページをチェックしなくなってしまいました。

> 事例25：主婦のサオリさんは肩こりがひどく、テレビで紹介されていた肩こり防止のストレッチを始めました。2週間ほど続けてみましたが、肩こりは解消されないため結局そのストレッチをやめてしまいました。

事例26：慢性的な腰痛のあるミヨコさんは近所のクリニックに通っていました。いろいろな治療をしてもらいましたが、クリニックに通っても腰痛が消えないため、最近はそのクリニックに行かなくなってしまいました。

事例27：中学校で数学を教えているヒデさんは、1年生のあるクラスが授業中に大変騒がしいため、「静かにしなさい！」と頻繁に注意をしてきました。その度に数分は教室内が静かになるのですが、しばらくするとまた騒がしくなり、最近ではもうヒデさんは生徒たちを注意することもやめてしまいました。

エクササイズ

これらの事例はそれぞれに登場する人も状況も異なりますが、ある共通点があります。どのようなところで共通しているでしょうか。自由に考えてみましょう。

》 これまでやっていたことをしなくなる理由

　これらの事例に共通している点は2つあります。まず、いずれの事例もこれまでおこなっていた行動があるときから続かなくなったり、やめてしまったり、おこなう回数が減ったりしています。そして、もう1つ共通している点は、それぞれの行動の前後でそれまでには経験のあった好子の出現などの状況の変化がもはやなくなったり、誰かから聞いて期待していたような状況の変化がなかったりしているということです。ハナコさんは、友人にメールを送っても返信をもらえず、ケンタくんはお父さんを遊びに誘っても遊んでもらえません。リオさんは美容クリームを塗っても効果はなく、テツオさんはホームページを見ても新しい情報を得ることができません。サオリさんの場合は、ストレッチをしても肩こりが解消されません。ミヨコさんはクリニックに通っても腰痛が消えず、ヒデさんは注意をしても生徒たちがまた騒ぎだす始末です。そうするうちに、彼らはこれまでにおこなっていたそれぞれの行動をしなくなってしまっています。

　このように、行動してもその行動の前後で何も環境や状況に変化がないことで、その行動が徐々に減ったり弱まったりするような学習の過程を**消去（extinction）**といいます。パヴロフ型条件づけでも同じ消去という用語を使いますが、オペラント条件づけとは異なる過程であることに注意してください。つまり2つの条件づけにそれぞれ消去があり、それぞれは異なる学習過程であるということです。

　ここで、これらの事例の消去の過程を随伴性ダイアグラムに入れてみましょう。それによって行動の前後で何も環境や状況に変化がないことが一目瞭然となります。

3　オペラント行動

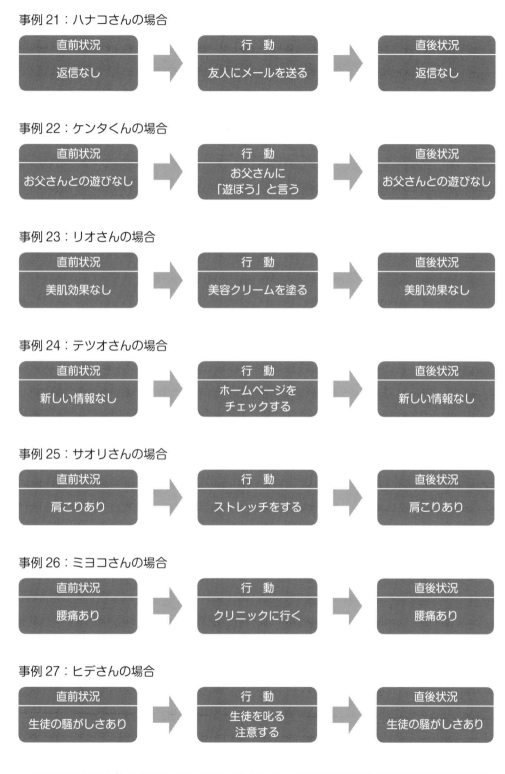

事例21：ハナコさんの場合
- 直前状況：返信なし → 行動：友人にメールを送る → 直後状況：返信なし

事例22：ケンタくんの場合
- 直前状況：お父さんとの遊びなし → 行動：お父さんに「遊ぼう」と言う → 直後状況：お父さんとの遊びなし

事例23：リオさんの場合
- 直前状況：美肌効果なし → 行動：美容クリームを塗る → 直後状況：美肌効果なし

事例24：テツオさんの場合
- 直前状況：新しい情報なし → 行動：ホームページをチェックする → 直後状況：新しい情報なし

事例25：サオリさんの場合
- 直前状況：肩こりあり → 行動：ストレッチをする → 直後状況：肩こりあり

事例26：ミヨコさんの場合
- 直前状況：腰痛あり → 行動：クリニックに行く → 直後状況：腰痛あり

事例27：ヒデさんの場合
- 直前状況：生徒の騒がしさあり → 行動：生徒を叱る 注意する → 直後状況：生徒の騒がしさあり

　ここで消去の定義を学習しましょう。消去とは、これまでに強化されていた行動に対して、その強化の随伴性を停止する、つまり行動の前後で環境や状況に何も変化がないこと

を繰り返すことによって、その行動が強化される以前のレベルにまで起こらなくなったり、回数が減ったり、弱まったりすることをいいます。消去は、単にその行動が消えるという意味ではなく、その行動にはもはや環境や状況を変える効果がないことを学習する、新たな条件づけの過程なのです。

消去には2つの重要なポイントがあります。1つは、消去される以前には、その行動が強化されていたという学習歴があることです。そしてもう1つは、今やその行動をおこなっても何もよいことがない、効果がない、つまり行動の前後で何も環境や状況に変化が起こっていないということです。

行動が強化さるのには2つのパターンがありました。**好子出現による強化**と**嫌子消失による強化**です。ですから、消去にも次のように2つのパターンがあります。

消去のパターン①今そこに好子がなくて行動しても好子が出現しないパターン

消去のパターン②今そこに嫌子があり行動しても嫌子が消失しないパターン

プログラム学習	学習日						
	正解の数						

目標：事例から消去の過程を具体的に理解できるようになること。
課題：先ほどの7つの事例がどちらのパターンの消去であるのかを考えて分類してみましょう。考える際のポイントは今そこに好子がなくて行動しても好子が出現しないパターンなのか、今そこに嫌子があり行動しても嫌子が消失しないパターンなのかを見極めることです。

事例21：友人にメールをしなくなった大学生のハナコさん
事例22：お父さんを遊びに誘わなくなった5歳のケンタくん
事例23：美容クリームを塗らなくなった大学生のリオさん
事例24：ホームページをチェックしなくなったテツオさん
事例25：ストレッチをしなくなった主婦のサオリさん
事例26：クリニックに行かなくなったミヨコさん
事例27：叱らなくなった中学教師のヒデさん

解　答	行動しても好子が出現しないパターン：ハナコ、ケンタ、リオ、テツオ 行動しても嫌子が消失しないパターン：サオリ、ミヨコ、ヒデ

3 オペラント行動

エクササイズ

あなたや周囲の人がこれまでに獲得してきた行動の中で、消去された行動を3つ思い出して、その行動を具体的に定義してみましょう。そしてその行動の消去の過程を随伴性ダイアグラムに入れて記述してみましょう。難しい場合は次のよくある例をヒントにして考えてみましょう。

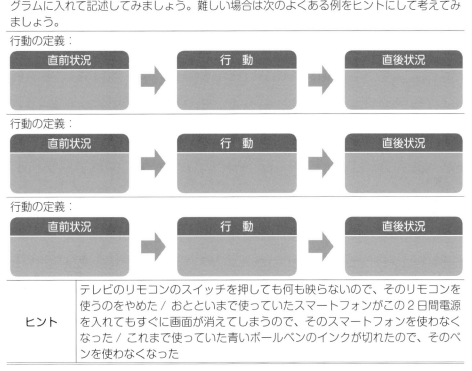

ヒント	テレビのリモコンのスイッチを押しても何も映らないので、そのリモコンを使うのをやめた ／ おとといまで使っていたスマートフォンがこの2日間電源を入れてもすぐに画面が消えてしまうので、そのスマートフォンを使わなくなった ／ これまで使っていた青いボールペンのインクが切れたので、そのペンを使わなくなった

消去とは行動の前後で環境や状況に何も変化がないことによってその行動がやがて減ったり弱まったりすることをいいます。したがって随伴性ダイアグラムに入れて考える際は、直前状況と直後状況がまったく同じである（行動しても好子が出現しないか、行動しても嫌子が消失しないかのどちらかであること）を確認しましょう。

プログラム学習

学習日					
正解の数					

目標：オペラント条件づけの消去の定義をキーワードを使って説明できるようになること。
課題：消去の解説をもう一度読み、次の問題文の空欄にキーワードを入れましょう。すぐに答えを確認しましょう。

これまで❹　　　や❸　　　によって❹　　　されていた行動に対して、その❹　　　の手続きを停止することを❹　　　といいます。行動の前後で環境や状況に何も変化がないことを繰り返し経験することによって、これまで❹　　　されていた行動はやがて減ったり弱まったりしていきます。

❹　　　は、その行動にはもはや環境や状況を変える働きがないことを学習する条件づけの過程です。

行動が❹　　　されるのには2つのパターンがあります。1つはその行動が❹　　　によって❹　　　されていた場合、その❺　　　を出現させないことです。もう1つは、その行動が❸　　　によって❹　　　されていた場合、行動の直後に❺　　　を消失させないことです。

　　解　答　　❹好子出現　❸嫌子消失　❹強化　❹消去　❺好子　❺嫌子

ボールペンのインクが突然出なくなったら？
──消去誘発性行動変動

消去にはそれに伴ういくつかの現象があることがわかっています。これらの現象を総称して**消去誘発性行動変動（extinction-induced variability）**といいます。まずは次の例を読んでください。

> ● 手紙を書いていたら突然使っていたボールペンのインクが出なくなり、メモ用紙に強い圧力で何度もボールペンを動かしたり、ボールペンを強く振ったりした。
> ● ジュースの自動販売機にコインを入れてボタンを押したけれど、何も出てこないので、何度かボタンを押したり、自動販売機の中をのぞき込んだり、手を入れてみたり、最終的には自動販売機を足で蹴飛ばしたりした。
> ● テレビの電源が入らないので、何度もテレビを叩いてみたり、コンセントを何度も抜き差ししたり、持ち上げて揺すったりした。
> ● 恋人にメールを送っても返信がないので、別のメールアドレスに送信をしたり、何度も電話をかけたりしたが、まったく返信がないので、家まで会いに出かけた。
> ● 家族に話しかけても返事をしないので、「ねえ！聞いているの？」といつもより強い口調で話しかけたり、近くまで行って肩をポンポン叩いたりした。

こういった例はみなさんも体験したことがあると思います。これまでちゃんと使えていたボールペンのインクが突然出なくなってしまったら、みなさんはそのペンをすぐにゴミ箱に捨ててしまいますか？　おそらくすぐに捨ててしまうのではなく、その辺にある紙にガシャガシャと試し書きをしたり、ペンを何度も振ったりするでしょう。自動販売機にお金を入れてボタンを押したのに何も出てこなかったら、すぐにその場を立ち去るのではなく、何度もボタンを押したり、手を入れてみたり、中にはその自動販売機を管理する会社に電話をかける人もいるかもしれません。

このように、これまでに強化されていた行動が消去されるときには、強化されていた行動とは違った行動が一時的に生じる（行動の変動性が高まる）ことがあります。これを消去誘発性行動変動といいます。その中でも特徴的なものに、①**反応のバースト（extinction burst）**と②**消去誘発性攻撃行動（extinction-induced aggression）**があります。

①反応のバースト

これまでに強化されていた行動が消去されると、一時的にその行動の強さや頻度が増えることを反応のバーストといいます。先ほどのボールペンの例や自動販売機の例もその一例ですし、次に紹介する事例の中にも反応のバーストが起こっている場面が登場しますので、考えながら読み進めてください。

4歳のシンイチくんは、スーパーマーケットに買い物に行く度にお菓子売り場でお母さんのスカートを引っ張って「買って、買って」とぐずったり泣いたりしています。あまりにもしつこいのでお母さんも根負けすることが多く「1個だけよ」と言っては、毎回お菓子を買ってあげていました。

　最近、行動分析学の子育て講座に参加したお母さんは、シンイチくんのこういった要求に対してどのように対応したらよいのかを学んできました。そして早速その方法を試してみることにしました。その方法とは次のようなものでした。シンイチくんがいつものようにお菓子売り場で「これ買って！」と要求をしても、お母さんは「今日はお菓子を買いません」と断りました。するとシンチイくんはもっと大きな声で「買って！」と言いました。それでもお母さんは「買いません」と断ってその場から離れました。するとシンイチくんは今度は床に寝転んで泣きわめきました。それからお母さんを追いかけていってスカートを引っ張り回したり、お母さんの身体をドンドンと叩いたりしました。お母さんはお菓子を買わずに、泣いているシンイチくんを連れてお店を出ました。そんなことが5回ほど続くうち、2週間後にはとうとうシンイチくんも「買って」と言って泣いて要求することがなくなりました。

　シンイチくんがお菓子売り場で泣かなくなった後、シンイチくんは家族旅行に出かけて、そのスーパーマーケットにしばらく行かない日々が続きました。旅行から帰って1週間ぶりにお母さんとスーパーマーケットに行くと、シンイチくんはまた以前のようにお菓子売り場で「買って、買って」と駄々をこねるようになりました。

　このような例はみなさんも一度はどこかで見たり聞いたりしたことがあると思います。ここでターゲットとなるのは、シンイチくんのお菓子をねだる行動です。最初のうちはシンイチくんが「買って、買って」とおねだりしたり泣いたりすることで、お母さんがお菓子を買ってあげていました。つまりおねだりしたり泣いたりする行動がお菓子という好子によって強化されていたのです。これは好子出現による強化です。

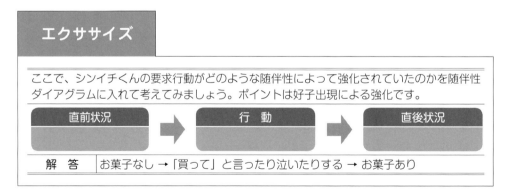

エクササイズ

ここで、シンイチくんの要求行動がどのような随伴性によって強化されていたのかを随伴性ダイアグラムに入れて考えてみましょう。ポイントは好子出現による強化です。

直前状況	行　動	直後状況

解　答　お菓子なし → 「買って」と言ったり泣いたりする → お菓子あり

　ところで、シンイチくんの行動だけではなく、お母さんがお菓子を買い与える行動も何らかの強化を受けていたはずです。お母さんの行動がなぜ強化されていたかについてはみ

なさんそれぞれに考えてみてください。

ある日からお母さんは消去の手続きを始めました。シンイチくんが「買って」とおねだりしたり泣いたりしてもお母さんはそれを断り、お菓子を買わないようにしました。つまりおねだりしたり泣いたりする行動の直後にお菓子という好子が出てこなくなったのです。

このような消去の手続きによって、一時的にシンイチくんはいつもよりも激しく強く泣きわめくようになりました。これが反応のバーストといわれる現象です。この反応のバーストは時間の経過とともに徐々に消失していきます。

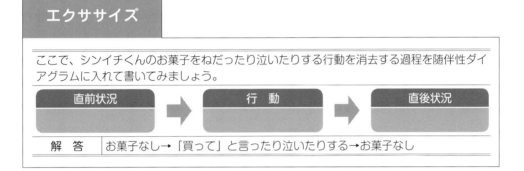

②消去誘発性攻撃行動

行動が消去されているとき、その近くに何かがあれば、それに対する攻撃行動が生じることがあります。これを消去誘発性攻撃行動といいます。先ほどの自動販売機を叩いたり蹴ったりする例もこれに当てはまりますし、お菓子を買ってくれないお母さんの身体をシンイチくんがドンドンと押したり叩いたりする行動もこれに当てはまります。

消去された行動が再び生じる──自発的回復

ある行動が消去されると、上記のように反応のバーストや攻撃行動が起こりつつも、徐々に行動の回数が減ったり弱まったりしながら最終的にはその行動はほとんど起こらなくなります。

ところが、しばらくその行動が消去される機会がない状況が続いた後に、かつてその行動が強化されていた状況と同じような状況に再び置かれると、その行動がまた一時的に生じるようになることがあります。これを**自発的回復（spontaneous recovery）**といいます。先ほどのシンイチくんの例でも自発的回復が起こっています。お菓子をねだる行動が消去された後に、家族旅行に行っており1週間ほどお菓子売り場に行かなかった、つまりお菓子をねだる行動が消去されるという機会がない状況が続いていました。その後、久しぶりにお菓子売り場でお菓子をねだる行動が生じています。これが自発的回復です。

消去と反対の原理——復帰

　これまで強化されていた行動に対して、これまでのような好子出現による強化や嫌子消失による強化の随伴性を中断すること、つまり行動の前後で何も状況に変化がないことで、その行動がやがて起こらなくなることやその手続きのことを消去といいました。

　これとは逆に、これまで嫌子出現による弱化や好子消失による弱化によって起こる頻度や強さが低かった行動（弱化されていた行動）に対して、その弱化の手続きを中断すると、その行動は以前おこなっていたレベルまで戻るようになります。これを**復帰（recovery）**といいます。

　次のような例があります。

> ●ある小学校の教室では、担任の先生が児童たちを大声で度々叱ることで児童たちが騒がないという状態が続いています。児童がおしゃべりをし始めると、担任の先生が厳しく叱って静かな状態を維持しています。つまり、児童の騒ぐ行動が先生の叱責によって弱化されているのです。ところが、この先生はある日から、叱ってもまた再び児童たちが騒ぎ出すのでとうとう叱ることを完全にやめてしまいました。すると児童たちは以前にも増して授業中におしゃべりをしたり立ち歩いたりするようになりました。
> ●中学生のリュウイチさんは休日にゲームをしているとお母さんに「勉強をしなさい。ゲームをやめなさい」と何度も叱られ、最近では休日にゲームをしなくなりました。つまり、お母さんの叱責によってゲームをするという行動が弱化されていたわけです。それでお母さんは、リュウイチさんを叱らなくなりました。するとリュウイチさんは、再びゲームをするようになりました。日曜日には朝から晩までゲーム三昧でした。
> ●3年間の海外勤務となった会社員のヨウスケさんは、海外で生活している間、タバコの値段が高く、かつ建物の中や公共の場で吸うことが禁止されており、規則を破ると罰則があることもあって、喫煙の回数が減っていました。ところが3年ぶりに日本へ戻ってくると、再び喫煙の回数が増えたばかりか、以前吸っていた本数よりも多く吸うようになってしまいました。

　これらの事例は、これまで弱化されていた行動がその弱化の随伴性を停止されることで、もともとおこなっていたレベルまで戻ってしまった復帰の例です。

　叱責や罰則などの弱化の手続きによってある行動が生じるのを押さえても、それらの手続きを中断してしまえば、再びそれらの行動が生じるようになってしまうのです。これは特に減らしたい困った行動に対応しようとするときに問題となります。これについては「4　生活への応用―応用行動分析学」（144ページ）で解説をしています。

3　オペラント行動

プログラム学習

学習日						
正解の数						

目標：消去の手続きに伴って生じる現象をキーワードを使って説明できるようになること。
課題：消去に伴う現象（消去誘発性行動変動）の解説をもう一度読み、次の問題文の空欄にキーワードを入れましょう。すぐに答えを確認しましょう。

これまで強化されていた行動に対して、その強化の手続きを停止することを❶　　　　　といいます。❶　　　　　の手続きに入ると、その行動はやがて減ったり弱くなったりしていきます。

このとき、行動の変動性が高まって一時的に強化されていた行動とは違った行動が生じることがあります。このような現象を❷　　　　　といいます。その中でも特徴的なものに、❸　　　　　と❹　　　　　があります。

❸　　　　　とは、消去の手続きによって一時的に以前よりも頻繁にその行動が生じるようになったり、より強くおこなったりするようになる現象のことです。

❹　　　　　とは、行動が消去されているときに、その近くに何かがあれば、それに対する攻撃行動が生じる現象のことをいいます。

消去の手続きによって、このような❷　　　　　が起こりつつも、やがてその行動は減ったり弱まったりしていきます。ところが、その消去された行動が一時的に再び生じることがあります。これを❺　　　　　といいます。

❶　　　　　とは、かつて強化されていた行動が、その強化の手続きを停止されることによってその行動がやがて減ったり弱まったりしていく学習過程でした。それとは逆に、これまで❻　　　　　されていた行動が、その❻　　　　　の手続きを停止されることによって、その行動が以前生じていたレベルまで戻ることを❼　　　　　といいます。

解　答	❶消去　❷消去誘発性行動変動　❸反応のバースト　❹消去誘発性攻撃行動 ❺自発的回復　❻弱化　❼復帰

どちらも行動が弱まるけれど？
——弱化と消去の違い

　ここまで、オペラント条件づけの基本となる反応強化子随伴性について学習をしてきました。ここで反応強化子随伴性をまとめてみましょう（表4）。

　行動の直前と直後でどのような状況の変化があるのか、あるいはないのかを把握することで、その行動がなぜ増えたり減ったりするのかを理解することができます。このように、行動分析学では、反応強化子随伴性によって、自分や相手がなぜある行動をしたりしなかったりするのかを説明するのです。

表4　反応強化子随伴性の一覧

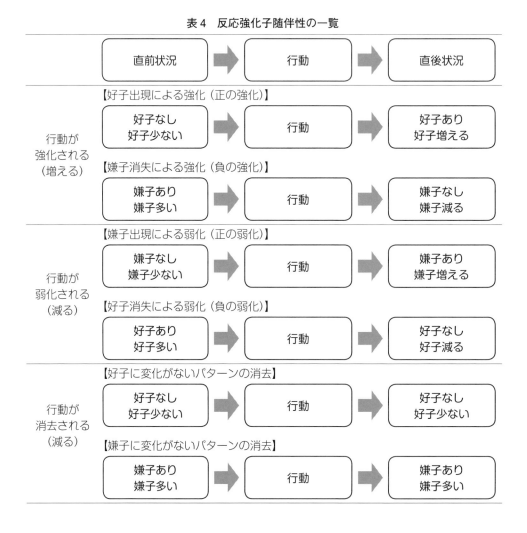

　表4をみると弱化も消去もどちらも行動が減ったり弱まったりする点で類似しています。ところが反応強化子随伴性に着目をすると、これら2つは大きく異なっています。

エクササイズ

下の解説を読む前に、弱化と消去がどのように異なっているのかを、随伴性に着目して考えてみましょう。

弱化の場合は……

| 直前状況 | → | 行　動 | → | 直後状況 |

消去の場合は……

| 直前状況 | → | 行　動 | → | 直後状況 |

つまり、弱化と消去の違いは……

　反応強化子随伴性に着目することで、弱化と消去の違いを知ることができます。弱化の随伴性は次のようなものでした。行動の直後に悪い結果が随伴することでその行動がやがて消えたり減ったりするというものです。このときの悪い結果には2つあり、1つは嫌子が出現するパターンで、もう1つはこれまでにあった好子が消失するパターンでした。

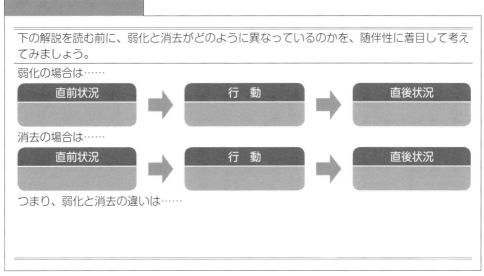

　これに対して、消去の随伴性は次のようなものでした。これまでに好子出現や嫌子消失によってその行動が強化されていたという経験があった上で、あるときから、その行動をおこなってもこれまでのように好子が出現したりや嫌子が消失したりしない、つまり行動の前後で何も状況に変化がないという随伴性によってその行動がやがて減ったり消えたりしていくというものでした。

時や場所をわきまえて行動するのはなぜ？
──刺激性制御

　私たちはある場面ではある行動をするけれども、別の場面ではその行動をしないことがあります。ある状況ではある行動が起こり、別の状況ではその行動が起こらないことを**刺激性制御**（stimulus control）を受けているといいます。たとえば、営業しているスーパーには買い物に行きますが、閉店してしまったらそのお店に行くことはありません。怖い先生の前ではまじめに授業を聞くとか、スピード違反の取り締まりの多い道路では速度を落として運転をするとか、自分より目上の人に対してはていねいなことばを使うといった具合に、私たちは時と場所、相手、その他さまざまな状況に応じて、ある行動をしたりしなかったりします。

　次の例を読んでみましょう。

- 子どもや学生は平日に学校や大学へ行きますが、休日には行きません。
- 私たちは「Open」という看板の出ているレストランに入りますが、「Open」の看板が出ていないときはレストランに入りません。
- スマートフォンやラップトップパソコンの充電が十分にあるときは電源やボタンを押して画面を立ち上げ、キーボードを押して文章を書いたりインターネットに接続したり写真を撮ったりしますが、充電が切れてしまっているときは、電源やその他のボタンを押したり文章を書いたりすることをしません。
- 自動販売機に表示されているボタンのうち、私たちは緑色のボタンを押してジュースやお茶を買いますが、「売り切れ」の赤いサインが出ているボタンを押すことはありません。
- 親や先生が機嫌の悪い顔をしているときには、子どもたちが騒ぐと叱られるので、親や先生が機嫌の悪い顔をしているときは騒ぎません。
- グツグツと沸騰している鍋に素手で触ると大やけどをするので、触りません。

子どもや学生が学校や大学へ行くという行動を随伴性ダイアグラムに入れて、刺激性制御について詳しく学習していきましょう。

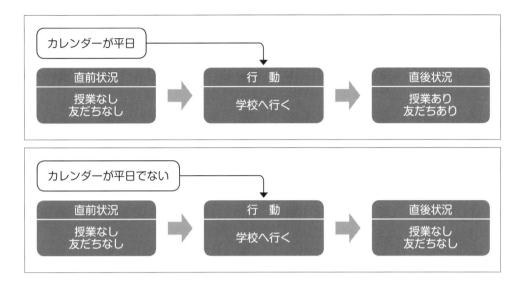

　今日が「平日」なら学校へ行くという行動は強化されます。なぜなら、学校へ行くことで授業を受けることができますし、友だちに会うこともできるからです。「平日」に学校へ行くと授業を受けたり友だちに会えたりするという好子が随伴する、つまり好子出現による強化によって学校へ行くという行動が強化されるのです。一方で、もしも今日が「平日でない」なら、学校へ行くという行動は消去されます。なぜなら、学校へ行っても授業もなければ友だちに会うこともできないからです。学校へ行くという行動の前後で何も状況に変化がありませんから、学校へ行くという行動は消去されるのです。

　このように、学校へ行くという行動は、その行動が強化されるか否かの手がかり（目印）となっている刺激（平日か否か）によって生じやすさが変わってきます。あくまでも、そこで働いている反応強化子随伴性が行動の起こりやすさを決めていて、今日が平日であるか否かといった刺激は、その行動が強化されるかどうかの手がかりにすぎないことに注意してください。

続いてレストランの例でも考えてみましょう。

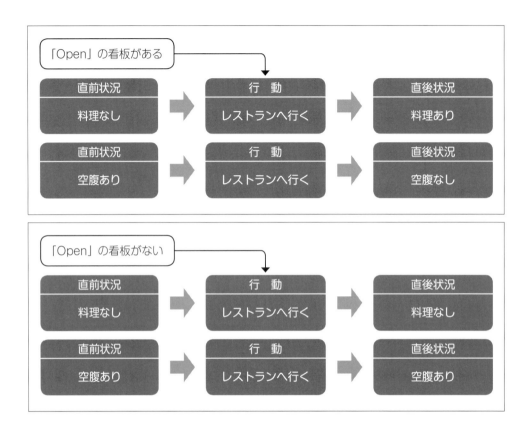

このようにレストランが「Open」の看板を出して営業しているときだけ私たちはレストランに入って注文をします。それは営業中に行くことで、料理が出てくるという好子出現による強化の随伴性や、空腹がなくなるという嫌子消失による強化の随伴性が働いているからです。一方で「Open」の看板が出ていないときにレストランへ行っても料理が出てくることはありませんし、空腹を満たすこともできません。つまりレストランへ行くという行動の前後で何も状況に変化がありません。「Open」の看板が出ていないときにレストランへ行くという行動は消去されるのです。

3　オペラント行動

続いてスマートフォンやラップトップパソコンの例でも考えてみましょう。

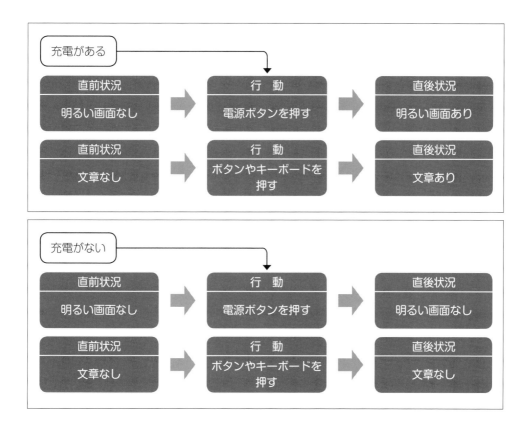

充電されているときは、私たちは電源を押して画面を立ち上げることができますし、キーボードを押して文章を書くこともできます。これらの行動は好子出現によって強化されます。ところが、充電がないときには、いくら電源ボタンを押しても画面は立ち上がりませんし、キーボードを押しても文章を書くことはできません。充電がないときにはこれらの行動は消去されます。

親や先生が機嫌の悪い顔をしているときの例を考えてみましょう。

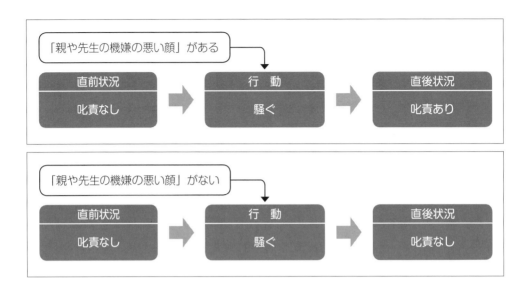

親や先生が機嫌の悪い顔をしているときに子どもたちが騒ぐと叱られます。ですから子どもたちはそういったときには騒ぎません。騒ぐという行動は叱責という嫌子出現によって弱化されます。ところが、親や先生が機嫌の悪い顔をしていないときには、騒いでも騒がなくても事態は変わりません。

沸騰している鍋の例も同じです。

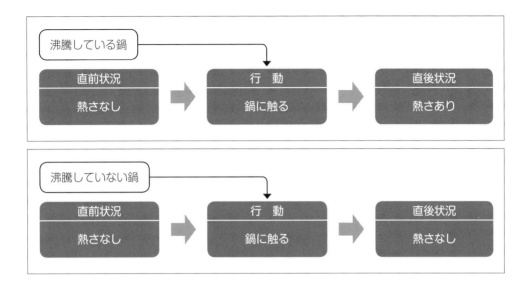

鍋がグツグツと沸騰しているときに鍋に触ると大やけどをしますから、このときに鍋に触るという行動は嫌子出現によって弱化されます。一方で、沸騰していない鍋に触ってもその前後では何も状況に変化がありません。

このように、今日が「平日」である、レストランが「Open」の看板を出している、充電がされている、親や先生が機嫌の悪い顔をしている、グツグツと沸騰した鍋があるなどの何らかの目印の存在が、私たちの行動が強化されたり弱化されたりすることの手がかりとなっているのです。この目印のことを**弁別刺激（discriminative stimulus）**といい、略してS^D（エスディ）と表記することもあります。

ここで、弁別刺激と刺激性制御の定義を学習しましょう。弁別刺激（S^D）とは、その刺激があるときにある行動を起こすとその行動が強化される、もしくは弱化されるという目印になる刺激のことをいいます。

弁別刺激がないときに行動が消去されなければ、弁別刺激は強化や弱化の手がかりとはなりません。また、行動が消去されることの手がかりとなる刺激が同時に存在する場合があります。これをS^{Δ}（エスデルタ）といいます。S^{Δ}は行動が消去される特定の手がかりとなる刺激なのです。レストランの「Closed」という看板や「臨時休業」という張り紙がこれに相当します。

刺激性制御とは、S^Dがあるときにはその行動が起こり、逆にS^Dがない、つまりS^{Δ}の状況ではその行動が起こらないことをいいます。そして、S^DやS^{Δ}のあるときにある行動をすると、ある結果が伴うという関係を示したものを**3項随伴性（three term contingency）**といいます。

プログラム学習

学習日					
正解の数					

目標：事例を読んで、どのような弁別刺激（S^D）があるときに、どのような行動が強化、あるいは弱化されるのかを理解できるようになること。その行動が消去される S^Δ の状況はどのような状況であるのかを理解できるようになること。

課題：次の例を読み、①どのような弁別刺激（S^D）があるときに、②どのような行動が強化、あるいは弱化されているのかを特定し、随伴性ダイアグラムに入れて書いてみましょう。同時に③ S^Δ の状況も特定し、随伴性ダイアグラムに入れてみましょう。

例Ⓐ：タクシーをつかまえる際、「空車」と表示されているタクシーを見つけたら手を挙げて停車させますが、「実車」の表示のタクシーには手を挙げません。

解答

①弁別刺激（S^D）：「空車」の表示がある
②手を挙げる行動が強化される

直前状況	行動	直後状況
タクシーなし	手を挙げる	タクシーあり

③ S^Δ：「実車」の表示がある

直前状況	行動	直後状況
タクシーなし	手を挙げる	タクシーなし

例Ⓑ：先生や上司のオフィスを訪問する際、ドアに「在室中」の表示があるときはドアをノックしますが、「不在」の表示があるときはノックをしません。

解答

①弁別刺激（S^D）：ドアに「在室中」の表示がある
②ドアをノックする行動が強化される

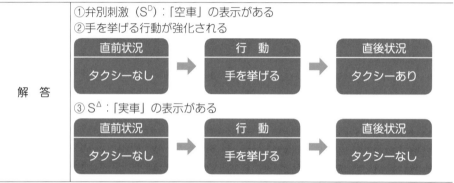

直前状況	行動	直後状況
返事なし	ドアをノックする	返事あり

③ S^Δ：ドアに「不在」の表示がある

直前状況	行動	直後状況
返事なし	ドアをノックする	返事なし

例Ⓒ：パトカーが高速道路の先頭を走っているときはスピードを出さないようにします。

解答

①弁別刺激（S^D）：パトカーが先頭にいる
②スピードを出す行動が弱化される

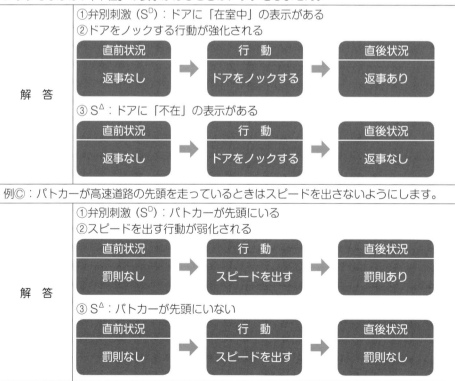

直前状況	行動	直後状況
罰則なし	スピードを出す	罰則あり

③ S^Δ：パトカーが先頭にいない

直前状況	行動	直後状況
罰則なし	スピードを出す	罰則なし

3　オペラント行動

エクササイズ

日常生活の中で刺激性制御を受けている行動の例を2つみつけて、その行動がどのような弁別刺激（S^D）によって強化、あるいは弱化されているのかを明確にし、随伴性ダイアグラムに入れて書いてみましょう。その行動が強化も弱化もされない、すなわち消去される目印であるS^Δが何であるのかも特定しましょう。

難しい場合は、ヒントを参考にしてそれらの行動がどのような弁別刺激のもとで強化、あるいは弱化されているのかを考えてみましょう。

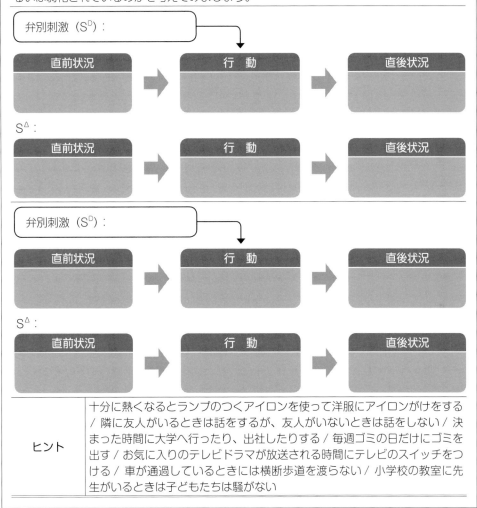

ヒント	十分に熱くなるとランプのつくアイロンを使って洋服にアイロンがけをする / 隣に友人がいるときは話をするが、友人がいないときは話をしない / 決まった時間に大学へ行ったり、出社したりする / 毎週ゴミの日だけにゴミを出す / お気に入りのテレビドラマが放送される時間にテレビのスイッチをつける / 車が通過しているときには横断歩道を渡らない / 小学校の教室に先生がいるときは子どもたちは騒がない

街で友人によく似た人を見かけたら？——般化

ある弁別刺激（S^D）があるときに、ある行動をおこなうとその行動が強化されたり弱化されたりすることを刺激性制御といいました。ところで、この弁別刺激は必ずいつも同じ刺激なのでしょうか。たとえば、みなさんにもテレビの中でインターホンが鳴ると思わず立ち上がって玄関に出ようとしたり、自分の携帯電話の着信音と似たような音が鳴ると思わず電話に出ようとしたりするといった経験がないでしょうか。このように弁別刺激が物理的に類似しているときに、同じような行動をするようになることを**刺激般化（stimulus generalisation）**といいます。パヴロフ型条件づけでも同じ刺激般化という用語を使いますが、オペラント条件づけとは異なる過程であることに注意してください。

ここで刺激般化の定義を学習しましょう。刺激般化とは、ある弁別刺激があるときにある行動が強化や弱化されたとき、その弁別刺激に物理的に類似した刺激があるときにも同じように行動したりしなくなったりすることをいいます。また S^Δ に類似した刺激があるときにもその行動をしなくなることも含まれます。

プログラム学習

学習日						
正解の数						

目標：刺激性制御、弁別刺激、般化の特徴について、キーワードを使って説明できるようになること。

課題：刺激性制御、弁別刺激、般化の解説をもう一度読み、次の文章の空欄を埋めましょう。すぐに答えを確認しましょう。

私たちは、いつでもある行動をしたりしなかったりするわけではありません。ある状況下、ある条件下である行動をしたり、しなかったりするのです。

ある刺激があるときに、ある行動を起こすと、その行動がⒶ　　されたり、Ⓑ　　されたりするという手がかりになる刺激のことをⒸ　　といいます。

また、行動がⒶ　　もⒷ　　もされない、つまりⒹ　　されることの手がかりとなる刺激のことをⒺ　　といいます。

Ⓕ　　とは、Ⓒ　　やⒺ　　によって特定の行動の起こりやすさが変化すること、また起こりやすさを変化させる手続きのことをいいます。

似たような着信に反応して電話に出ようとしたり、友人と背格好の似ている人を街で見かけて声をかけたりすることがあります。

このように、あるⒸ　　に物理的に類似した刺激があるときにも同じように行動するようになることをⒼ　　といいます。

解　答	Ⓐ強化　Ⓑ弱化　Ⓒ弁別刺激 S^D（エスディ）　Ⓓ消去　ⒺS^Δ（エスデルタ）　Ⓕ刺激性制御　Ⓖ刺激般化

「あらかじめ○○しておこう」「予防策を張っておこう」——阻止の随伴性

 行動の直後には何も変化がないけれど……

　ここまで反応強化子随伴性の基本パターンについて学習してきましたが、では次のような例はどうでしょうか。これらは私たちの多くが毎日のようにおこなっている行動ですが、これらの行動の前後でどのような随伴性が働いているでしょうか。行動の前後で何か状況に変化があるでしょうか。

> - 一人暮らしをしていて、外出するときに玄関の鍵をかけた。
> - 自転車を駅の駐輪場に置いて、自転車の鍵をかけた。
> - 学校の旅行で長距離バスに乗ることになり、あらかじめ酔い止めの薬を飲んだ。
> - 天気が悪そうだから、まだ十分には乾いていないけれど洗濯物を取り込んだ。
> - 天気予報で今日は雨になると聞いて、折りたたみの傘をカバンに入れて外出した。
> - 病気の予防接種を受けた。
> - 海水浴に行くことになり、日焼け止めクリームをたくさん塗った。
> - 日差しが強くなってきたので、今年も日傘を使い始めた。
> - 風邪が流行し始めたので、電車に乗るときはマスクをつけるようになった。
> - 学校で今度は自分がいじめの対象になるかもしれないという話を聞いた。だから本当はそうしたくなかったけれど、友だちが他のクラスメイトをいじめているのに同調してしまった。

　さて、いかがでしょうか。家の玄関の鍵や自転車の鍵をかける行動の直後にどのような好子の出現や嫌子の消失があるでしょうか。鍵が「ガチャン」とかかる音が好子なのでしょうか。予防接種に行く行動はどうでしょうか。注射針を刺してもらうことが好子なのでしょうか。日焼け止めクリームを塗るのは、クリームが肌に白く広がっていくことが好子なのでしょうか。これらの行動は、おそらくこういった直後の状況の変化によって強化されているのではありません。ここに挙げたような行動はその行動の前後で状況に何も変化がないのです。

　これらの行動を随伴性ダイアグラムに入れて考えてみましょう。

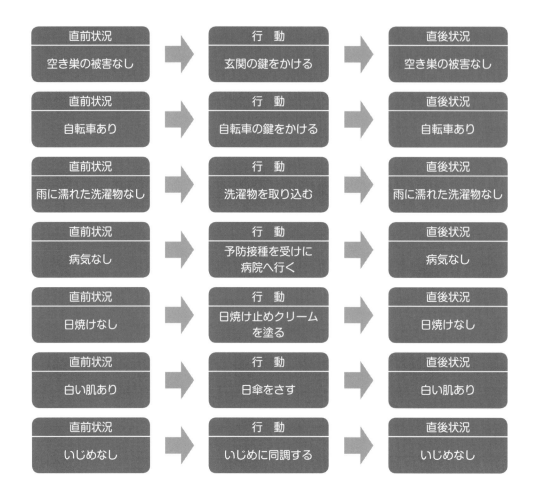

　このように、これらの行動はその前後で何も状況に変化がありません。55ページで学習したように、行動の前後で何も状況に変化がなければ私たちの行動は消去されるはずです。それにも関わらず、ここに挙げたような行動を私たちが日常的におこなうのはどうしてなのでしょうか。行動しているということは、何かしらの強化の随伴性が働いているからです。これを説明するのが、54ページで予告をした**阻止の随伴性**なのです。

》 許可の随伴性と阻止の随伴性

　阻止の随伴性を学習する前に、ここでもう一度、反応強化子随伴性について復習をしましょう。復習することで、よりわかりやすく阻止の随伴性を理解することができます。
　反応強化子随伴性について、本書ではこれまで1つの側面しか説明をしてきませんでした。それは、ある行動をしたら好子や嫌子が出現したり消失したりすることでその行動が増えたり減ったりするというものでした。しかしこの随伴性が成立するためにはもう1つの側面が必要なのです。ここで「お手伝いをするとお小遣いをもらえるのでお手伝いをする」という好子出現による強化の随伴性を例にして、反応強化子随伴性のもう1つの

側面をみてみましょう。

お手伝いをするとお小遣いをもらえます。お小遣いという好子出現によってお手伝いをする行動が強化されています。もしもお手伝いをしなかったらお小遣いをもらえません。お手伝いをするとお小遣いをもらえるからお手伝い行動が強化されているわけです。なぜなら、もしもお手伝いをしなくても同じようにお小遣いをもらえるのであれば、お手伝いをする必要はなくなってしまいます。好子出現によってある行動が強化されるためには、行動をしなければ、その好子が出現しないという条件が必要なのです。つまり、反応強化子随伴性には次のような2つの側面があるのです。すなわち、側面①ある行動をすることで好子出現などの状況の変化がある一方で、側面②もしもその行動をしなかったらその変化は起こらない、だからその行動が強化されたり弱化されたりする、というものです。

①随伴性成立の1つ目の側面：その行動をすると

②随伴性成立の2つ目の側面：もしその行動をしないでいると

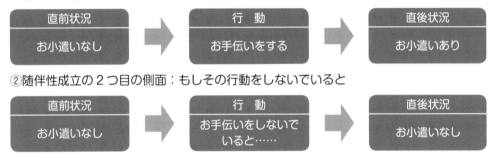

練習のために、もう1つの例を使って反応強化子随伴性の2つの側面について考えてみましょう。もしもひどい歯の痛みを感じたら歯医者に行きます。歯医者に行くと治療をしてもらったり薬を処方してもらったりして症状が和らぎます。痛みや症状が消えるという嫌子消失による強化によって歯医者に行くという行動は強化されます。これを随伴性ダイアグラムに入れて考えてみましょう。

①随伴性成立の1つ目の側面：その行動をすると

②随伴性成立の2つ目の側面：もしその行動をしないでいると

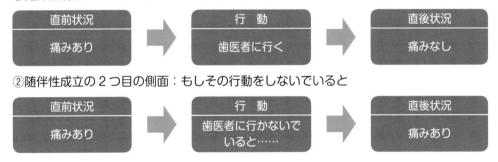

このように、ある行動をすると好子が出現したり嫌子が消失したりするという状況の変化があります。一方で、その行動をしなかったらその変化は起こりません。だから、その行動をすることが強化されたり弱化されたりするわけです。この2つの側面がそろって初めて反応強化子随伴性が成立するのです。

では先ほどの予防接種の注射を受けに病院へ行くという行動について同じように2つの側面から考えてみましょう。

①随伴性成立の1つ目の側面：その行動をすると

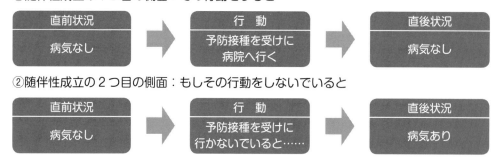

②随伴性成立の2つ目の側面：もしその行動をしないでいると

　続いて、駅の駐輪場で自転車の鍵をかける行動についても同じように2つの側面から考えてみましょう。

①随伴性成立の1つ目の側面：その行動をすると

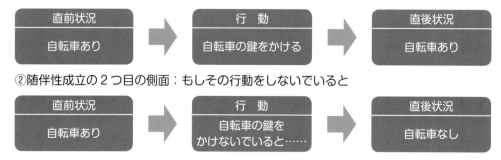

②随伴性成立の2つ目の側面：もしその行動をしないでいると

　もうここでおわかりいただけたかもしれません。これらの行動は「その行動をしないでいると、もしかしたら生じてしまうかもしれない状況の変化を阻止することによって、その行動が強化されている」という類いの行動です。これを**阻止の随伴性（prevention contingency）**といいます。もしも予防接種をしなかったら病気にかかるかもしれないという状況の変化を阻止するために、あらかじめ予防接種を受けに病院へ行くのです。もしも日焼け止めクリームを塗らなかったり、日傘を使わなかったりしたら、ひどい日焼けをしてしまうかもしれないという状況の変化を阻止するために、あらかじめ日焼け止めクリームを塗ったり、日傘を使ったりするのです。もしも、玄関ドアの鍵をかけなかったら、空き巣に入られるかもしれないという事態を阻止するために、あらかじめドアに施錠をするのです。

　なお、前述の反応強化子随伴性の4つの基本形を、阻止の随伴性に対して**許可の随伴性（permission contingency）**と呼ぶことがあります。

阻止の随伴性の4つのパターン

反応強化子随伴性に4つのパターンがあったのと同じように、阻止の随伴性にも理論的には表5に示した4つのパターンがあります。ここで、それぞれの阻止の随伴性について具体的に学習をしていきましょう。

表5 阻止の随伴性の4つのパターン

	強化	弱化
出現の阻止	嫌子出現の阻止による強化	好子出現の阻止による弱化
消失の阻止	好子消失の阻止による強化	嫌子消失の阻止による弱化

①**嫌子出現の阻止による強化**

その行動をしないでいると、今はない嫌子(あるいは今は少ない嫌子)が将来的に出現してしまいます。その行動をすることで、その嫌子が出現するのをあらかじめ阻止することができます。それによってその行動が強化されます。これを**嫌子出現の阻止による強化**といいます。次のような行動が該当します。

> ●ある感染症の予防接種を受けに行く(病気にかかることを防ぐ)。
> ●日焼け止めクリームを塗る(ひどい日焼けを防ぐ)。
> ●日傘をさす(ひどい日焼けを防ぐ)。
> ●折りたたみ傘を持って行く(雨に濡れることを防ぐ)。
> ●雨が降る前に洗濯物を取り込む(雨に濡れることを防ぐ)。
> ●うがいや手洗いをする(病気にかかることを防ぐ)。
> ●上司に重要書類の確認作業を依頼する(客からのクレームを防ぐ)。

②**好子消失の阻止による強化**

その行動をしないでいると、今はある好子がやがて消失したり今より減ってしまったりします。その行動をすることで、その好子が消失するのをあらかじめ阻止することができます。それによってその行動が強化されます。これを**好子消失の阻止による強化**といいます。次のような行動が該当します。

> ●玄関や自転車の鍵をかける(貴重品や自転車が盗まれることを防ぐ)。
> ●ある感染症の予防接種を受けに行く(健康状態が損なわれることを防ぐ)。
> ●日焼け止めクリームを塗る(白い肌が失われることを防ぐ)。
> ●返却日までに借りたものを返す(超過料金を取られることを防ぐ)。
> ●スキンケアをしてから眠る(よい肌が失われることを防ぐ)。

③好子出現の阻止による弱化

　その行動をしないでいると、やがて好子が出現したにもかかわらず、その行動をしてしまったばっかりに、好子の出現が阻止されたという経験によって、その行動が弱化されるというものです。これを**好子出現の阻止による弱化**といいます。次のような行動が該当します。

- 調理中に必要以上に手を加える（おいしい料理ができあがることを妨げた）。
- 中途半端な仕事をする（ボーナスの支給を妨げた）。
- 家族で鍋を囲んでいるときに、まだ沸騰していない鍋の蓋を開けて鍋の様子をうかがう（鍋の温度が下がることで、早く鍋ができあがることを妨げた）。
- テスト前に夜遅くまでゲームをする（よい点を取ることを妨げた）。

④嫌子消失の阻止による弱化

　その行動をしないでいると、やがて嫌子が消失したにもかかわらず、その行動をしてしまったばっかりに、嫌子の消失が阻止されたという経験によって、その行動が弱化されるというものです。これを**嫌子消失の阻止による弱化**といいます。次のような行動が該当します。

- 親に説教をされている最中に口答えをする（説教が早く終わることを妨げた）。
- 無理にストレッチをする（痛みが消えることを妨げた）。
- 怪我のかさぶたを無理にはがす（傷口が早く治ることを妨げた）。

回避条件づけと回避行動

　阻止の随伴性のうち、嫌子出現の阻止による強化によって形成された行動を**回避行動**といいます。

　ここでラットを使った実験を紹介します。連結されている2つの部屋の一方に入っているラットに中性刺激である音や光を一定時間呈示した直後に無条件刺激である電撃を流すというパヴロフ型条件づけの強化の手続きをおこないます。次に、音や光、電撃が呈示されている間に、もう一方の部屋へ移動すると、その音や光、電撃が停止する、つまり嫌子消失によって部屋を移動する行動を強化します。ラットは、初めは電撃が呈示されてから移動しますが、この手続きを繰り返すと、音や光が呈示されている間にもう一方の部屋に移動するようになります。つまり、嫌子である電撃を受ける前に移動反応が生じるようになります。音や光が呈示されている間に移動反応をしないでいると電撃を受けてしまいます。だからあらかじめ移動する行動をとることでやがてやってくる電撃を受けずに済むというわけです。これを**回避条件づけ**（avoidance conditioning）といい、嫌悪的な事態をあらかじめ避ける行動（ラットの場合はもう一方の部屋に移動して、電撃が流れて

くることをあらかじめ阻止する行動）を回避行動といいます。これは、先ほど学習をした嫌子出現の阻止による強化と同一であると考えることができます。

なお、電撃が呈示されている間に部屋を移動するといった、嫌子消失による強化（負の強化）を**逃避条件づけ（escape conditioning）**、そのような行動を**逃避行動**と呼ぶことがあります。

回避条件づけには次のような特徴があります。

①消去抵抗が高い

嫌子出現の阻止によって強化される回避行動は、一度条件づけられると、その行動を消去することが難しくなります。ラットの場合、音や光が一定時間呈示されても、もはや電撃が流れてこないという条件を繰り返しても、ラットは部屋を移動し続けます。つまり、行動する必要がない状況になっても、その行動は消去されずに維持されてしまうのです。この消去が難しいことを**消去抵抗が高い**といいます。

②能動回避と受動回避

回避条件づけを2つのタイプに分類することがあります。1つが**能動回避（active avoidance）**で、もう1つが**受動回避（passive avoidance）**です。ある行動をすることによって、やがて出現する嫌悪事態を回避することを能動回避といいます。自ら積極的に行動することでやがて出現する嫌子を避ける行動です。先ほどのラットの場合ですと、自ら部屋を移動することで電撃を回避していますから、これも能動回避といえますし、阻止の随伴性で学習した嫌子出現の阻止による強化によって維持されている行動はすべて能動回避にあたります。

一方、何もしないことで、嫌悪事態を回避することを受動回避といいます。次のような例は、受動回避にあてはまります。「外出しようとしたらひどい雷雨になったので、外出しないでいた」「料理にチャレンジしたけれどまったくうまくできなくて、それからはもう料理をしないでいる」「レストランに行ったらひどい接客を受けたので、もうそのレストランには行かないようにしている」「夜の外出が怖いので、夕方からは外出しないで家にいるようにしている」。

これらの受動回避は、これまでにその行動をしたら嫌子が出現したため、その行動が弱化された、つまり嫌子出現による弱化によって説明できます。ある「行動をしない」ことで嫌子の出現を阻止するというのは、死人テストをパスしません。正確に言えばこれら2つの分類は誤りになってしまうのですが、私たちの日常的な行動の説明ではよく用いられているように見えます。

プログラム学習

学習日						
正解の数						

目標：阻止の随伴性の特徴について、キーワードを使って説明できるようになること。
課題：阻止の随伴性の解説をもう一度読み、次の文章の空欄を埋めましょう。すぐに答えを確認しましょう。

「ドアを施錠する」「日焼け止めのクリームを塗る」「雨が降る前に洗濯物を取り込む」「酔い止めの薬を飲む」。日常的に私たちがおこなっているこれらの行動は、その前後で状況に何も変化がありません。つまり❹　　　　が出現したり、❺　　　　が消失したりしていないにもかかわらず、これらの行動は❻　　　　されています。

こういった行動は、その行動をしないでいるとやがて生じてしまうかもしれない状況の変化をあらかじめ❹　　　　することで、その行動が強化されているというものです。こういった随伴性を❺　　　　といいます。

「雨が降る前に洗濯物を取り込む」行動は、そのまま放置しておけばやがて「雨に濡れた洗濯物」という❺　　　　が出現してしまうことをあらかじめ❹　　　　することで強化されています。こういった随伴性を❻　　　　といいます。

この❻　　　　によって形成された行動を❼　　　　といいます。

逆に「自転車の鍵をかける」行動は、鍵をかけないでいるとやがて「自転車」という好子が消失してしまう(盗まれてしまう)ことをあらかじめ❹　　　　することで強化されています。こういった随伴性を❽　　　　といいます。

こうした❺　　　　によって強化されている行動は一度形成されると消去することが難しいという特徴があり、これを❾　　　　といいます。

解　答	❹好子　❺嫌子　❻強化　❹阻止　❺阻止の随伴性 ❻嫌子出現の阻止による強化　❼回避行動 ❽好子消失の阻止による強化　❾消去抵抗が高い

行動の強化や消去に影響を与える条件
——強化スケジュール

強化スケジュールとは、その行動を何回おこなったら好子が呈示されるとか、その行動をおこなってからどれくらいの時間が経ってから好子が呈示されるかなど、行動に対してどのように好子が呈示されるかについての関係を示したものです。

①連続強化スケジュール

行動に対して毎回好子が呈示されたり、嫌子が取り除かれたりすることを**連続強化スケジュール（continuous reinforcement schedule）**といいます。たとえば、次のような例があります。駅の切符売り場でお金を入れてボタンを押せば、ほぼ必ず切符が出てきます。自動販売機も同じです。テレビのリモコンのボタンを押せば毎回テレビがつきます。部屋の電気のスイッチも同じです。ペットボトルのキャップをはずせば、毎回ドリンクを飲むことができます。掃除機をかけると、毎回床の埃が取り除かれます。よく効く痛み止めの薬は、毎回飲むと必ず痛みが取り除かれます。

②部分強化スケジュール

行動に対して何回かに1回だけ好子が呈示されることを**部分強化スケジュール**または**間欠強化スケジュール（intermittent reinforcement schedule）**といいます。「友人に送ったメールの何通かに1回は返信が来る」「何回かに1回はきれいな写真が撮れる」「ゲームで何回かに1回は高得点をたたき出す」「パチンコスロットのように何回かに1回はスロットの目がそろう」「接触の悪い電化製品のコードを少しひねるとたまに電気がつく」「マッサージ屋に行くとたまに腕のよいマッサージ師に出会う」。これらは部分強化スケジュールの好例です。

基本的な部分強化スケジュールには、定時隔（fixed interval: FI）、変時隔（variable interval: VI）、定比率（fixed ratio: FR）、変比率（variable ratio: VR）の4つがあります。定時隔とは、最後に好子の呈示があってから、一定時間経過した後の最初の反応に好子が呈示される強化スケジュールのことです。変時隔とは、最後に好子の呈示があってから、平均してある時間経過した後の最初の反応に好子が呈示されるスケジュールのことです。定比率とは、10回に1回など決められた反応回数ごとに好子が呈示されるもので、変比率とは、平均して何回かに1回反応するごとに好子が呈示されるスケジュールのことです。強化スケジュールによって反応のパターンが異なることが確かめられています。

強化スケジュールと消去抵抗の関係

　これまで好子出現や嫌子消失によって強化されていた行動に対して、好子を呈示することをやめる、あるいは嫌子を取り除くことをやめる手続きを消去といいました。その行動がどのような強化スケジュールで強化されていたのかによって、消去のされやすさが異なってきます。これを消去抵抗といいました。

　連続強化スケジュールで強化されていた行動は、部分強化スケジュールで強化されていた行動よりも早く消去されることがわかっています。これを消去抵抗が低いといいます。逆に、部分強化スケジュールで強化されていた行動は消去抵抗が高いことがわかっています。その中でも、変比率や変時隔強化スケジュールの方が、定比率や定時隔強化スケジュールに比べて消去抵抗が高いこともわかっています。

　たとえば、昨日まではスイッチを押せば必ず点灯していた部屋の電気が、今日は点灯しません。おそらく、何回かスイッチを押しても（反応のバースト）、やはり点灯しないことがわかるとすぐにスイッチを押さなくなってしまう、つまり消去されてしまいます。

　一方で、電気コードの接触の問題で普段からついたりつかなかったりしてきた電化製品がとうとう本当につかなくなってしまったとしても、私たちはしばらくの間、そのコードをひねったり動かしたりして、なんとかその電化製品がつくようにあれこれと工夫をします。つまり、ひねったり動かしたりする行動はなかなか消去されません。このように部分強化スケジュールによって強化されていた行動は、連続強化スケジュールで強化されていた行動よりも消去することが難しいのです。

　その部分強化スケジュールの消去抵抗が高いことの結果として、いわゆるパチンコ依存やギャンブル依存と呼ばれる状態を生むことがあります。パチンコなどのギャンブル行動は何十回に1回という割合でまれに大当たりをする、つまり部分強化スケジュール（変化率強化スケジュール）によって強化されています。ですから、たとえこれ以上大当たりのない消去の状態になったとしても、消去抵抗が高いためになかなかギャンブルをやめることが難しいのです。

言語行動

　ここまで扱ってきた行動は「人が動いて何かをする」という、まさしく行動でした。これらの行動と同じように私たちが日々誰かとのコミュニケーションとして使っていることば、あるいは自分自身の頭の中であれこれと何かを考えたり思ったりするときに使っていることば（これを認知ともいいます）も同じように行動として扱うことができます。

　ここまで学習してきた行動のさまざまな原理は、ラットやハトを用いた実験的行動分析学による基礎実験から導かれてきたものです。ヒトに特有と考えられている言語行動も、同様な原理で獲得・維持されていると考えられています（Skinner, 1957）。行動分析学では特にこの分野の行動を**言語行動（verbal behaviour）**と呼んでいます。言語行動とは、同じ言語を話す人々の反応によって形成・維持される行動です。言語行動も他の行動と同じように獲得したり変容したり減っていったりする、すなわち環境に対して何らかの機能をもつ行動と考えることができます。

　ここでは、言語行動をそれぞれの行動がもつ機能によって分類し、その主要なもの4つを紹介していきます。以下に紹介する言語行動以外にも、テクスチュアル（読字行動）、ディクティーション（書き取り行動）、コピーイング（書き写し行動）などさまざまな分類があります。これらについては巻末の文献を参照してください。

①マンド（要求言語行動）

　頑固なお父さんをイメージしてみてください。仕事から帰宅して、出迎えた奥さんに「風呂！」「めし！」「ビール！」などと怒鳴り散らすお父さんです。今日は「疲れた！ビール！」と言っています。奥さんはそそくさと台所に戻ってビールとおつまみを持って来ます。仕事から疲れて帰ってきたときの冷えたビールのおいしいこと。この頑固なお父さんはおいしそうにビールを飲んでいます。ここで、このお父さんの言語行動を随伴性ダイアグラムに入れてみましょう。

　この「ビール！」と言う行動は**マンド（mand）**と呼ばれる言語行動です。マンドとは、特定の好子出現か嫌子消失によって形成・維持される言語行動で、誰かに何かをお願いする**要求言語行動**ともいいます。

　次のような言語行動もマンドです。現在、筆者はこの原稿をパソコンで書いていますが、とにかくひどい肩こりに悩まされています。それで、時々「肩が痛い」と言うと家族が肩をマッサージしてくれます。ここでの「肩が痛い」と言う行動もマンドです。随伴性ダイアグラムに入れてみましょう。「肩が痛い」と言うことでマッサージしてもらえると

いう好子出現もありますし、それによって肩のこりが和らぐという嫌子消失の随伴性もあるわけです。他の言い方では「ちょっと肩もんでよ」と言う行動も同じ機能があるかもしれません。

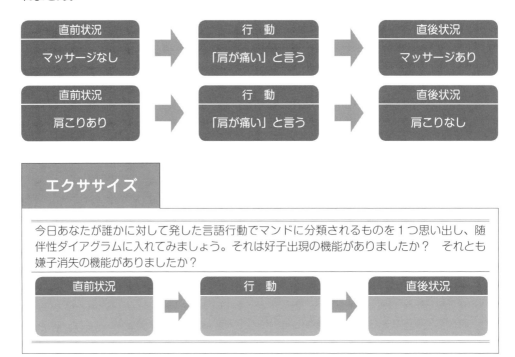

②タクト（報告言語行動）

次の2つの場面を想像してみてください。

大学で友人に会い、「久しぶりだね」と話しかけたら、その友人が「うん、そうだね。元気にしてた？」と返事をしてくれました。

出社をしたらエレベーターで上司に会ったので、「明日の会議の資料できあがっています」と報告をしたら「お！　さすが早いですね」とほめられました。

これらの行動を随伴性ダイアグラムに入れてみましょう。

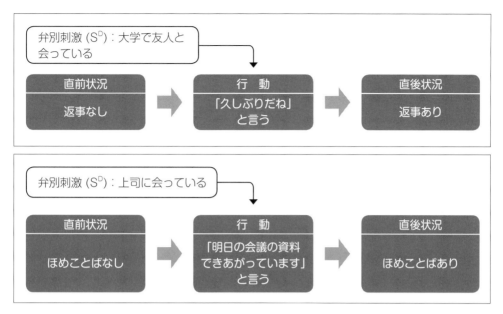

　これら2つの言語行動は、**タクト（tact）**と呼ばれるものです。タクトは、何からの弁別刺激があるときに生じる言語行動で、聞き手の反応という**般性好子**によって形成・維持されるもので、かつその弁別刺激とは1対1の対応関係にないものをいいます。誰かに何かを伝える、報告する行動で**報告言語行動**ともいいます。1対1の対応関係とは、その弁別刺激とその言語行動が同じものであるか否かということです。

　般性好子というのは、簡単にいえば聞き手からの「そうですね」「へえ」「大変だったね」といったコメントやうなずきなどの反応が好子となっているものです。

エクササイズ

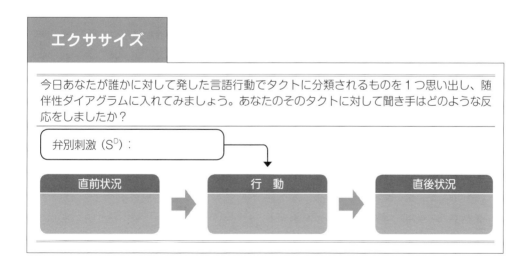

③ **エコーイック（反響言語行動）**

次のような場面を想像してみてください。

朝、ゴミを出しに行くと顔見知りのご近所さんに会い「おはようございます」とあいさつされたので「おはようございます」と返事をしたら、ご近所さんはニッコリと笑ってくれました。

小さい子どもがお母さんの真似をして何かを言っています。お母さんが「ブーブー」と言うと、その子どもも「ブーブー」と言います。それでお母さんが「上手！上手！」とその子どもをしきりにほめています。

これらの言語行動を随伴性ダイアグラムに入れてみましょう。

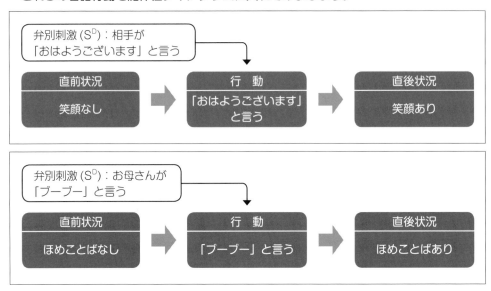

相手が発した言語に続いて、それを真似して同じように言い返す言語行動を**エコーイック（echoic）**あるいは、**反響言語行動**といい、この行動も聞き手の反応などの般性好子によって形成・維持されます。弁別刺激である相手の発した言語と、この言語には1対1の対応関係があります。つまり相手と同じことを言い返す、真似して同じことを言う行動がエコーイックなのです。

3 オペラント行動

エクササイズ

今日あなたが誰かに対して発した言語行動でエコーイックに分類されるものを1つ思い出し、随伴性ダイアグラムに入れてみましょう。あなたのエコーイックに対して聞き手はどのような反応をしましたか？

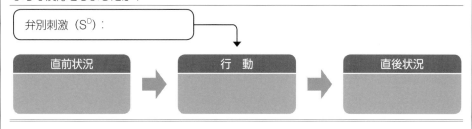

④イントラバーバル（言語間制御）

次のような場面を想像してみてください。

家族に「今日の天気は？」と聞かれたので「残念ながら降水確率80％だよ」と答えたら、「そう、じゃあ傘持って行くね」と返事がありました。続いて「今日の夕飯はなに？」と聞かれたので「ハンバーグだよ」と答えると、「やったー！」と喜ばれました。

ある大学の教員が、学生に「イントラバーバルってどんな言語行動ですか？」と質問をされたので、「それは、言語刺激が弁別刺激となって生じる言語行動で、般性好子によって形成・維持されるもので、なおかつその弁別刺激とは1対1の対応関係にない言語行動のことですよ」と答えました。すると学生は「ありがとうございます。でも少し難しいです。もう少し詳しく教えてくださいませんか」と返事をしました。

これらの言語行動を随伴性ダイアグラムに入れてみましょう。

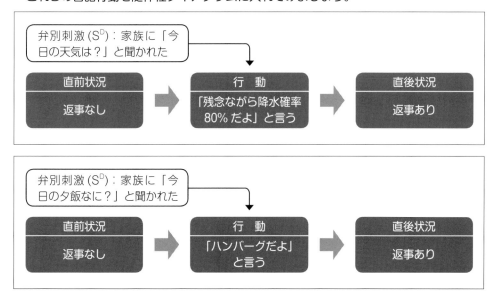

91

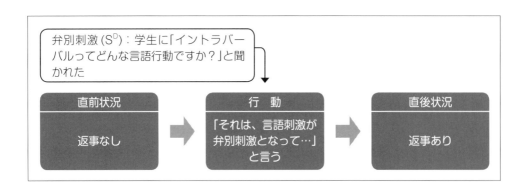

　これらの例では、相手が発した言語刺激が弁別刺激となって、それに答えるような形で言語行動が生じ、それが相手の返事などの般性好子によって形成・維持されています。こういった言語行動を**イントラバーバル（intraverbal）**、あるいは**言語間制御**といいます。簡単にいえば、相手の発した質問や疑問に答えるような言語行動です。イントラバーバルは、弁別刺激となった言語との間に1対1の対応関係がありません。つまり、弁別刺激と同じことを言い返していない、質問に答えているというような言語行動です。ちなみに、弁別刺激と同じことを言い返す（弁別刺激の間に1対1の対応関係がある）言語行動をエコーイックといいました。

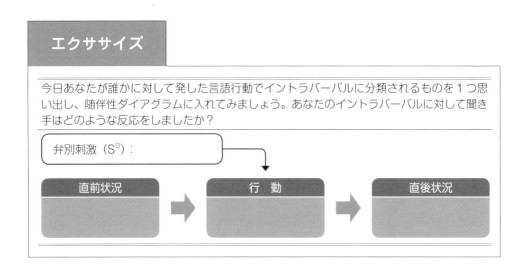

プログラム学習

学習日						
正解の数						

目標：それぞれの言語行動がもつ機能を理解できるようになること。
課題：言語行動の解説をもう一度読んでから、次の問題文の空欄を埋め、すぐに答えを確認しましょう。

言語行動には、それぞれの言語行動の機能によっていくつかに分類することができます。

🅐_____は、特定の好子出現か嫌子消失によって形成・維持される言語行動です。誰かに何かをお願いする言語行動で、自分の要求を伝えるものです。🅑_____ともいいます。

🅒_____は、何らかの弁別刺激があるときに生じる言語行動で、聞き手が「へえ」「そうですか」「すごいですね」「知りませんでした」など、何かしらコメントを返すことが般性好子（社会的な好子）となって形成・維持されるものです。その弁別刺激とは1対1の対応関係にないものをいいます。誰かに何かを伝える、報告する行動で🅓_____ともいいます。

相手が発した言語に続いて、それを真似して同じように言い返す、すなわち弁別刺激である相手の発した言語と、この言語行動には1対1の対応関係がある言語行動を🅔_____といいます。この行動も聞き手の社会的な反応などの般性好子によって形成・維持されます。

相手が発した言語刺激が弁別刺激となり、それに答えるような言語行動で、弁別刺激となった言語との間に1対1の対応関係がない言語行動を🅕_____といいます。相手の発した質問や疑問に答えるような言語行動です。これも相手のコメントなどが般性好子となって形成・維持されます。

解　答　🅐マンド　🅑要求言語行動　🅒タクト　🅓報告言語行動　🅔エコーイック　🅕イントラバーバル

プログラム学習	学習日					
	正解の数					

目標：それぞれの言語行動の機能を確認し、それぞれがマンド、タクト、エコーイック、イントラバーバルのいずれに該当するかを理解できるようになること。

課題：以下の例文を読み、**太字**で示した言語行動がそれぞれマンド、タクト、エコーイック、イントラバーバルのいずれに該当するか考え、すぐに答えを確認しましょう。

❹相手が「さぶろく？」と言ったら、もう片方が「**じゅうはち**」と答えた。
❺友人に「**お腹空いたね**」と言ったら、「うん、わたしも。もうお昼の時間だもんね」と返事が返ってきた。
❻お菓子を食べている友人の隣で「**お腹空いた**」と言ったら、お菓子を少し分けてもらえた。
❼救急車の「ピーポーパーポー」の音を聞いて、小さい子どもがそれを真似して同じように「**ピーポーパーポー**」と言ったら、お母さんが「わぁ、上手」とほめた。
❽散歩中に、小さい子どもが救急車を見つけて、「**ピーポーパーポー**」と言ったら、お母さんが「そうだね！」とほめた。
❾先生に「行動分析学をもっと勉強したいのですが」と尋ねたら、「**自主研究会に参加してみてください**」と言われた。
❿友人に道でばったり出会ったので、「**どこ行くの？**」と聞いたら、「今からバイト」と返事があった。

解　答	❹イントラバーバル　❺タクト　❻マンド　❼エコーイック　❽タクト ❾イントラバーバル　❿マンド

❼と❽は、似たような言語行動ですが、何が弁別刺激になっているかによってその行動が異なります。❼は、見本となる救急車の音が弁別刺激となり、それを模倣している、すなわち弁別刺激との間に1対1の対応関係があるため、エコーイックといえます。❽は、救急車の姿が弁別刺激となり、それを母親に報告することで、母親からの承認やほめことばという般性好子が出現することで強化されているタクトといえます。❿は、相手からの情報を得るための質問であり、情報という好子を得る機能のあるマンドと捉えることができきます。

エクササイズ

ここで、誰かとペアになり次に示す簡単な実習をやってみましょう。
1) 2人1組になり、1人が自分で選んだテーマで話をし、もう1人がそれを聞きます。
2) ただし、聞き役の人は、相手の話がどんなに面白くても、一切の反応をしてはいけません。反応というのは、「うんうん」「へぇ」「そうなの？」といったことばを返すことだけでなく、うなずいたり相づちを打ったり、笑顔で応じたりするといったすべての反応です。これらの反応を一切しないようにしてください。
3) この条件で、話し手がどれくらい長く話し続けられるかを調べてみましょう。
4) 相手の話が終了したところで、今度は役割を交代して、同じ条件でやってみてください。

　この実習によって、私たちが日常的におこなっている会話も好子出現による強化によって維持されていることがわかります。聞き手が何も反応しないというのは、消去です。聞き手のちょっとした相づちとかうなずき、笑顔といった反応が、話し手の好子となって話す行動を強化しているのです。

　私たちの行動は、このように行動分析学によって説明できることがわかります。けれども、私たちはこうした行動の原理を意識して日々行動しているわけではありません。ちょうど、私たちが日本語を話すときに文法を意識しないにもかかわらず、その会話が文法によって説明できることに似ています。この意味で、行動分析学の行動の原理は**行動の文法**と呼べるかもしれません。また外国語をきちんと学ぼうとするときにその文法を理解することが必要であるのと同じように、自分の行動をよりうまくマネジメントしたり、行動の問題で困っている人たちを援助しようとしたりするときには、その行動の文法がとても役に立つのです。

ルール支配行動と随伴性形成行動

　これまで主に、ある行動の直後に好子や嫌子が出現したり消失したりすることで、その行動が強化されたり弱化されたりすることを学んできました。行動の直後に実際に状況の変化があることで、その行動が増えたり減ったりするということです。
　では次のような行動の場合はどうでしょうか。

●大学入試のための試験勉強を毎晩続けて、1年後に見事合格通知をもらった。
●大学の講義に毎回出席して、課題のレポートを書き、夏休み後に無事に単位を取得したことを確認した。
●毎晩残業をしてわかりやすいプレゼンテーションの資料を作り、1ヵ月後に無事に顧客との契約を交わすことができた。
●毎日4時間アルバイトをして、1ヵ月後に給料をもらった。
●子どもが自分の部屋を1週間きれいに片づけたら、そのごほうびに10日後に遊園地に連れて行ってもらえるという約束を親と交わし、そのとおりに実行した。
●駅のホームで白線の内側を歩くと危険なので、白線の内側には行かず、線の外側を歩くようにしている。
●忘れ物をすると担任の先生がポイントを減らすので、登校前にカバンの中身をチェックしている。

　こういった行動は、その行動の直後に強化や弱化の随伴性があるわけではありません。勉強をした直後に合格通知が出てくるのでもありませんし、レポートを書いた直後に単位取得の結果が届くのでもありません。働いた直後にお金をもらえるのではなく、給料は翌月に振り込まれます。それにもかかわらず、これらの行動は維持されています。

　続いて、次のような行動はどうでしょうか。

●初めて訪れた見知らぬ街で、どこのレストランに入ったらいいのかがわからず、ガイドブックを調べてそこに載っているレストランに入った。続いて、インフォメーションセンターに立ち寄り、人気の観光名所を最短時間で回ることのできるルートを教えてもらい、その情報に沿って観光した。
●パソコンを買うことになり、どのような機種がよいのかをコンピューター雑誌の評価欄を読んで、もっとも評価の高い機種を買った。
●ある資格試験の勉強のために、参考書を買うことになった。大手インターネット書店の書評欄をチェックして、その中からもっとも評価の高い参考書を3冊選んで購入した。

私たちは、これまでに経験のないことを始めようとするときに、どのようにするでしょうか。それがうまくいくかどうかを考えずに一か八か試してみて、その結果によって行動を修正したり、うまくいかなかった場合に手当たり次第に次々と行動を変えていくといったような不効率なことをするでしょうか。そうではなく、誰かのアドバイスに従ったり、本やインターネットを参考にしたり、マニュアルなどの注意書きを読んで守ったり、あるいは誰かがおこなっていることを観察して「ああすればいいのか」と参考にすることが多いのです。

このように行動の直後に状況の変化がなくても、その行動が維持されたり、これまで実際にその行動を一度もおこなったことがなくても、行動が形成されたり維持されたりすることがあります。こういった行動を**ルール支配行動（rule-governed behaviour）**といいます。

ルールとは**行動の随伴性を記述したタクト**と定義されます。「このような状況でこう行動をするとこのような結果が伴う」という行動の随伴性を言語的に記述（タクト）したものです。「試験勉強を続けることで、1年後の試験に合格することができる」「毎回講義に出席してレポートを提出することで、半年後に単位を取得することができる」「毎日4時間働くと、1ヵ月後には数万円の給料をもらうことができる」「このレストランで注文をするとおいしいオムライスを食べることができる」「白線の中に入ったらホームに落下してしまう」などのルールが弁別刺激となってその行動が生じたとき、これらの行動をルール支配行動というのです。

ルールという特定のタクトが弁別刺激となって生じる行動ですから、これらは言語を使う人間に特有の行動であると考えられます。私たち人間は、ルールを見聞きして自分たちの行動を調整していくことができるために、わざわざ危険を冒したり煩雑な試行錯誤を繰り返したりしなくても安全に効率よくさまざまな活動をすることができるのです。

ところで、ルールによって形成された行動が、ルールに示されているような結果を実際にはもたらさなかった場合、私たちの行動はどのようになるでしょうか。口コミを信じて入ったレストランの料理が実際にはおいしく感じられなかったとしたら、そのレストランにはもう行かなくなるかもしれません。評価の高い参考書を買って勉強を始めても、その参考書が難しければ、それを使って勉強をすることはしなくなるでしょう。もちろんレストランの料理が実際においしければ、今後も食べに行くかもしれませんし、その参考書がとてもわかりやすいものであれば、それを使って勉強をし続けるでしょう。このように、やがて私たちはルールではなく、実際の随伴性にもとづいて行動を修正していくようになります。これをルール支配行動に対して、**随伴性形成行動（contingency-shaped behaviour）**といいます。

一方で実際の随伴性ではなく、何らかの理由でいつまでもそのルールに従って行動し続ける場合もあります。「有名な先生が言っていることだから間違いない」「多くの人がやっ

ていることだから効果があるに違いない」「それは恥ずかしいことだからやめたほうがいい」「これほど奉仕したのだから報われるはずだ」など、実際の随伴性ではなくルールに従い続けることがあります。特に、ルールを守ることによって社会的な強化を得られるような場合には、ルール支配行動が維持されることがあります。

　ここで、77ページで学習をした阻止の随伴性を思い出してください。ルール支配行動は、先に学習をした阻止の随伴性と親和性が高いのです。特に、嫌子出現の阻止による強化である回避条件づけと強い関連があります。

- 念入りに手洗いをする。「そうしないと病気になってしまう。すみずみまで手洗いをすることで、病気にかかるのを防ぐことができているのだ」
- 悪いことが再び起こらないように、熱心にお祈りをする。「今、熱心にお祈りをしているから、悪いことが起こっていないのだ」
- わざわざ遠回りをして通勤することで、最悪の状態になることを防いでいる。「最悪の状態でないのは、遠回りをして通勤しているからだ」

　嫌子出現の阻止の随伴性によって強化されている行動は、もともと消去抵抗が高いうえに、私たち人間の場合には、そこにルールが介在することで、その消去をより難しいものとしているのです。

　このルール支配行動と関連するものとして**迷信行動（superstitious behaviour）**があります。ある行動とある結果との間には実際の随伴性が働いていなくとも、偶然にある結果が時間的にぴったりのタイミングで生じることがあります。Skinner（1947）はハトを用いてキーつつきの前に1度実験箱の中を回転するなどの行動が迷信行動として獲得されることを示しました。また小野（1994）は、ヒトの言語行動に基づいたルールと迷信行動との関連について詳しく議論しています。

4
生活への応用
──応用行動分析学

私たちの生活をよりよくするために

　ここまで行動分析学の基礎的な内容を通じて、私たちがなぜある行動をしたりしなかったりするのか、ある行動は続くのに、どうしてある行動は続かないのかなど、私たちの行動の「なぜ？」について理解をしてきました。

　ここからは、行動分析学を活かして私たちの生活をより豊かに変えていこうとする実践分野である**応用行動分析学**について学んでいきます。行動分析学の応用範囲は、私たちの行動の理解や説明だけに留まりません。私たちの行動や困った生活習慣を変えるためのさまざまな理論や方法をも持ち合わせている、基礎から応用までを1つの学問体系でカバーすることのできる学問なのです。

　行動分析学の応用範囲は広く、人が行き交うさまざまな領域で応用されています（図4）。2016年現在、日本行動分析学会が発行する査読つきの学会誌や大会論文集を表6に示したキーワードでそれぞれ検索すると、さまざまな領域、対象で行動分析学による研究がおこなわれていることがわかります。その中でも、もっとも論文の件数が多い領域に、自閉症スペクトラム障害や発達障害、知的障害のある子どもや大人への言語獲得支援や生活スキルの獲得支援、問題行動の減弱などを検討した実践研究があります。その他にも、特別支援学級や通常学級でのクラスマネジメント、医療機関における認知症高齢者への生活支援や対応方法の検討、うつや不安障害、強迫性障害への介入やリハビリなどの実践報告があります。スポーツ分野では、選手がよりよいフォームを身につける際の指導方法や、より効果的にトレーニングを実行する方法、自己管理を促していく方法などで応用されています。医療や企業、産業分野では、社員のトレーニングや業務パフォーマンスの向上、安全管理やコスト管理の分野などでも応用されています。家庭犬や警察犬などの

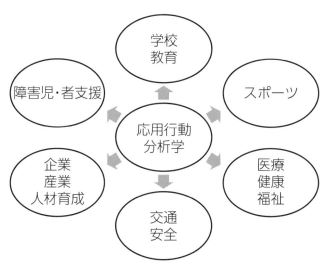

図4　行動分析学の応用領域

ドッグトレーニング分野でも、イヌと人間が互いによいパートナーとなるような行動を身につけるためのトレーニング方法として行動分析学が応用されています。

表6　日本国内の行動分析学の応用領域と論文数

論文検索キーワード	論文件数
【障害児・者支援領域】 発達障害、自閉症、自閉症スペクトラム障害、知的障害、ダウン症	538
【医療、健康、福祉領域】 糖尿病、肥満、減量、脳卒中、ニコチン依存、認知症、高齢者、福祉施設、リハビリテーション、看護、介護、健康	168
【学校、教育領域】 通常学級、特別支援教育、積極的行動支援、不登校、非行	125
【企業、産業、人材育成領域】 企業、ビジネス、業務管理、人材育成、接客、顧客、教員研修、自己管理	54
【スポーツ】 スポーツ、スイミング、テニス、野球	24
【精神疾患領域】 精神疾患、精神障害、強迫性障害、摂食障害、嘔吐、統合失調症	12
【交通、安全領域】 交通、安全	4

　ここからは応用行動分析学の実際について学んでいきます。これまでと同じように、読者のみなさんが自分自身で考えながら応用行動分析学を学習していくエクササイズのコーナーも設けています。いろいろな考え方をする練習の機会となるような設問を設けていますのでぜひチャレンジしてください。

　なお、本書では取り上げなかったさまざまな領域での具体的な応用例については、巻末の文献をあたっていただくとさらに理解が深まるでしょう。また、応用行動分析学と類似したものとして**行動療法**がありますが、これに対してスキナーが「治療でなく行動の変容である」として、**行動変容**と呼んだり、医療場面で言語を使った行動分析学に基づく介入方法を**臨床行動分析**と呼ぶなど、行動分析学に基づく応用はさまざまな呼ばれ方をすることがあります。本書ではそれらをすべて含めて応用行動分析学として扱います。

困った状況ってどんな状況？
——しなくて困る、し過ぎて困る

　私たちが何か困った状況に遭遇すると、どうにかしてその困難を解決できないかとその状況を分析したり、あれこれ対策を練って工夫をしたりします。応用行動分析学の立場でこの困った状況を理解し解決していくには、これまで学習をしてきたことが役立ちます。トートロジーを使ったり個人攻撃のわなにはまらないように、まずはその困難な状況を何らかの具体的な行動として記述し分析をして、なぜその問題が生じているのかを説明していきます。その説明（仮説）に基づいて介入方法を考えて適用します。「まったく私は怠け者で困る」「この子はやる気がなくて指導する価値がない」「あいつは自己中心的過ぎて一緒に仕事ができない」といった表現では、解決につながらないことはすでにみなさんも学習をしてきました。

　まずは誰が何をしたりしなかったりして、どう困っているのかを具体的な行動として記述します。

　私たちが困難を感じる状況というのは、次の2つに分けることができます。これら2つはこれまでに学習をしてきた強化と弱化と関わっています。1つは「運動をしたいのに継続できない」「あいさつをしなくて困る」「なかなか学校に行かなくて困る」「レポートを提出しない」「仕事をしない」といったものです。そしてもう1つが「やめたいのにどうしても間食をしてしまう」「長時間ゲームをして困る」「運転中にスピードを出し過ぎて困る」「学校で頻繁に暴力を振るう」といったものです。急いでつけ加えると、私たちが感じる困っていることの中には、こうした行動自体でなく、気分が落ち込んでいるとか、やる気が出ない、人前に出るのが怖い、自分に自信がないといった感情についてのものが少なくありません。行動分析学はこうした感情そのものを問題にするのではなく、そうした感情を何かの結果として生じている状態と捉えます。そしてそうした状態を生み出した原因として行動とその随伴性に注目するのです。

　さて、さきほどの困った行動ですが、前者を**行動の未学習・未定着**といいます。ある場面である行動をすることが期待されているのに、それらの行動をおこなったり、定着していないというものです。これまでにそうした行動が生じるための機会が整っていなかったために、それらの行動をまだ学習していないというものです。

　それに対して後者を**行動の誤学習**といいます。ある場面である行動をすることで、何らかのよい結果が生じるためにその行動が今も続いてしまっていて（強化されてしまっていて）、なおかつたまたま身につけたその行動がその場面では相応しくなかった、期待されたものではなかったという行動です。ある場面である行動をすることを間違って学んでしまったというものです。

　応用行動分析学では、このように私たちの問題や困難なふるまいを行動の未学習・未定着と行動の誤学習に分けて、それぞれにどのように対応をしていったらよいのかを考え実

践していきます。

　「〇〇しなくて困る」「〇〇ができない」という行動の未学習・未定着に対しては、これからその行動が徐々に増えて定着し、その行動が強化されていくように対策を考えます。「〇〇し過ぎて困る」という行動の誤学習に対しては、今後その行動が徐々に減っていくように、あるいは別の行動に置き換わっていくように対応をします。

行動の未学習・未定着の場合どうするの？
——行動形成

　ある場面で「○○しなくて困る」「○○できたらいいのにな」という行動の未学習や未定着が問題となっている場合は、その行動がまだ強化されていないわけですから、その行動が強化されるように周囲の状況をさまざまに調整していきます。

　表7に、まだ獲得していない行動を形成していくために必要なステップを示しました。事前に準備しておくことや、決めておくこと、行動が起こりやすくなるように工夫をすること、行動の直後に行動が強化されるような結果を伴わせることなど、いくつかの工夫によって目標とする行動を形成していくことができます。

表7　未学習・未定着の行動を形成していくために必要なステップ

ステップ1	目標行動を具体的に決める
ステップ2	行動に結果を伴わせる
ステップ3	好子を探る
ステップ4	まだ獲得していない行動を形成する
ステップ5	複雑な行動を単純な単位に分ける
ステップ6	単純な行動をつなげていく
ステップ7	行動が起こりやすくなるような事前の手助けをする

 ステップ1：目標行動を具体的に決める

　まず、「○○しなくて困る」「○○できたらいいのにな」という「○○」の部分にはどのような行動が入るのか、身につけたい、強化したい行動が一体どういう行動なのかを具体的に定義しなくてはなりません。このような行動を**目標行動**とか**標的行動**、**ターゲット行動**といいます。

　ここで注意したいのは、死人テストをクリアするように具体的に行動を定義することです。たとえば授業中に騒いでしまってちっとも授業を受けない生徒や学生に対して、「静かにしましょう」「おとなしくしなさい」と注意する先生は多いかもしれません。電車の中でお行儀の悪い子どもに対して、「ちゃんとしなさい。恥ずかしいわよ」「みんなが見ているからしっかりしなさい」と注意する親もいるでしょう。職場では「ていねいな仕事をする」「まじめに業務をこなす」「お客様を大切にする」といった表現で部下を教育することもよくあります。

　ところが、このような表現は行動にラベルをつけた抽象的なものであって、行動を具体的に定義したことにはなっていません。「しっかりしたレポートを書く」「勉強をがんばる」「こつこつ運動をする」「礼儀正しくする」「仲良くする」「元気にする」といった表現も同じことです。こういった表現では、一体何をしたら「ちゃんとしている」といえるの

か、何をもって「まじめに勉強や仕事をしている」といえるのか、どういう行動が「お客さんを大切にする」ことなのかが非常に曖昧なのです。その行動をこれから身につけていこうとする本人やその人をサポートしたり教育したり評価したりする親や先生、上司、仲間それぞれでこれらの定義が異なってしまったら、一体どのような行動をおこなったらよいのかがわからなくなってしまいます。ですから、誰がみても同じように観察できるように行動を具体的に定義することが重要なのです。

行動を定義するには少なくとも次の2つのポイントがあります。

①死人テストをクリアするように記述すること。
②誰がみても同じように観察できるように記述すること。

エクササイズ

ここで行動の定義を練習してみましょう。次の曖昧な表現をもっと具体的な行動として定義してみましょう。あなたならどのように定義できるでしょうか。ここには正解はありません。上記の2つのポイントに気をつけながら、自由な考えで具体的に定義してみましょう。具体的な場面を設定していませんので、みなさんの経験に照らし合わせて、「大学の講義の場合」「バイト先で」「職場で」といった場面を設定して考えてみてください。

ちゃんと勉強をする	
よいレポートを書く	
まじめに授業を受ける	
しっかり仕事をする	
健康的な生活を送る	
友だちと仲良くする	
礼儀正しくする	
部屋をきれいにする	
安全に注意する	
ダイエットをする	

いかがでしたか。具体的に行動を定義することができましたか。ポイントは死人テストをクリアすることと、誰がみても同じように観察できるように記述することでした。たとえば、上記の例を次のように定義することもできます。みなさんと同じような定義もあれば、違った定義もあるかもしれません。

ちゃんと勉強をする	1日に1時間以上机に座って、その日に決めた量の問題を解く。 間違えた問題を解き直す。 漢字練習を毎日1ページおこなう。
よいレポートを書く	論文の書き方のマニュアルを読み、必要事項をすべてチェックする。 レポートの目的と結論を書く。 引用文献とそのリストを書く。
まじめに授業を受ける	課題の図書を読んでから授業に出席する。 授業中のキーワードをノートにまとめる。 先生の質問に答える。
しっかり仕事をする	顧客からのメールにはその日のうちに返信をする。 業務報告のレポートを毎週月曜日に提出する。 わからないことがあったら、上司に相談をする。
健康的な生活を送る	夜11時までにベッドに入る。 夕方にジョギングを1時間おこなう。 栄養バランスのとれた食事を決まった時間にとる。
友だちと仲良くする	「おはよう」と言われたら「おはよう」と返事をする。 友だちの発言に「それはいいね」とポジティブなコメントを返す。 休み時間に一緒に遊ぶ。
礼儀正しくする	手伝ってもらったら「ありがとうございます」と言う。 朝は「おはようございます」とあいさつをする。 目上の人に対して敬語を使う。
部屋をきれいにする	読み終わった新聞や雑誌を袋に入れる。 出しっ放しの本を本棚にしまう。 散らかっている洋服を畳んで引き出しにしまう。
安全に注意する	横断歩道を渡るときは左右を確認してから渡る。 車を運転するときは停止線で止まる。 法定速度を維持したまま運転する。
ダイエットをする	毎日体重測定をする。 ジョギングなどの有酸素運動を毎日30分おこなう。 毎日の食事の合計摂取カロリーを計算して記録する。

 ## ステップ2：行動に結果を伴わせる
　　　──好子出現による強化と嫌子消失による強化

　形成したい目標の行動を具体的に定義したら、次はその行動が生じた直後に、好子出現による強化や嫌子消失による強化によって、その行動が今後も起こりやすくなるようにします。目標行動が生じたらその直後に好子を呈示したり、それまであった嫌子を消失させたりして、その行動が強化されるように環境を調整します。そして、それによって目標行動が強化されていくかを確認します。ここで、いくつかの事例をとおして行動形成の過程を具体的にみていきましょう。

> 事例：資格試験を半年後に控えている大学生のレイコさんは、なかなか勉強をする気が起きません。参考書を何冊も買い込んでは最初の3ページほど問題を解きますが、すぐに勉強をやめてしまいます。毎日1時間から2時間は勉強をしたいと思っているの

ですが、現実には週に合計 30 分程度しか勉強をしていません。

　レイコさんは同じ試験を受ける予定の友だち 2 人と相談をして、お互いの目標を立てました。レイコさんは、この 1 週間の目標として毎日 40 分間参考書の問題を解き、問題を 1 つ解くごとにすぐに答えを確認するようにしました。入浴中には新しいキーワードを 10 個覚えることにしました。勉強が終わったらすぐに友だち 2 人にメールをして、課題を終えたことを報告し合いました。友だちからは「早い！」などの返信があって、それが嬉しくて帰宅後に勉強をするようになりました。時々先に友だちから課題達成のメールが届くと、それがきっかけでレイコさんも勉強を始めるようになりました。カレンダーには毎日の勉強時間と覚えたキーワードの数を書き込み、目につく冷蔵庫に貼りつけました。2 週目には目標の勉強時間を毎日 1 時間に延ばし、1ヵ月後には勉強することがレイコさんにとって習慣となっていました。

エクササイズ

レイコさんの場合は、①何が目標行動だったのでしょうか。そして、②どのような強化の随伴性が働いて、その行動が形成されていったのでしょうか。随伴性ダイアグラムに入れて考えてみましょう。③レイコさんの目標行動は、オペラント条件づけの基本の 4 つのパターンのうち、どの随伴性によって形成されていったのでしょうか。

①レイコさんの目標行動：

②強化の随伴性

③この随伴性はオペラント条件づけのどのパターンですか？

　レイコさんの事例では、毎日 40 分から 1 時間など決まった時間、問題を解くことや決まった数のキーワードを覚えることが目標行動でした。そして、これらをおこなったときだけ友だちに報告のメールを送り、それに対して友だちからの返信があることや、カレンダーに勉強の結果を記録していくことがフィードバックとなって、試験勉強をするという行動が強化されていったというわけです。これは好子出現による強化の随伴性です。

事例：図書館で本を借りる生徒が少ないある中学校では、どうにかして生徒の読書量を増やそうと対策を考えました。2年生の各クラスでは、クラスごとに借りた本の合計冊数と、毎朝の読書時間に読んだ合計ページ数をグラフにして2年生が共有する廊下に張り出しました。朝の読書時間が終わったら、クラス当番が生徒の読書ページ数を合計してグラフに書き込んだのです。これで2年生全5クラスのそれぞれの読書量が一目瞭然となりました。3ヵ月経ったところで、2年生の生徒たちは他の学年よりも多く本を借りたり読書をしたりするようになりました。

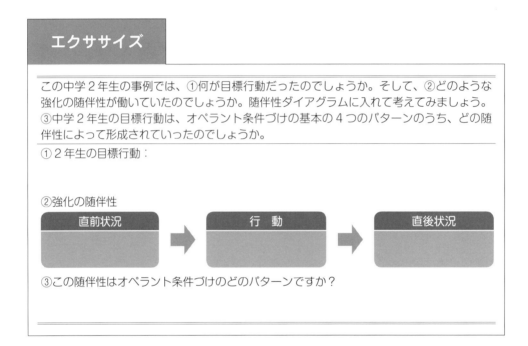

この事例では、図書館で本を借りることと本を読むことが目標行動でした。そして、2年生の学年だけは借りた本の数や読んだページ数という結果をクラスごとにグラフにしてフィードバックしていました。この結果のフィードバックそのものが好子となって2年生の読書する行動が強化されていったというわけです。好子出現による強化の随伴性が働いていました。あるいは、クラスごとの競走によって上位に来ることが好子だった可能性も考えられます。正確に何が好子だったかは、もう少し条件を整えて調べることではっきりさせることができます。

事例：うつ病と診断され会社を休職して精神科に通院しているツバサさんは、その精神科のデイケアにも週に数回参加しています。デイケアのプログラムに「自分の行動を変えよう」というものがあり、参加者それぞれが変えたいと思っている生活習慣やチャレンジしてみたいことをいくつか決め、それを実行するというプログラムが始まりました。ツバサさんは休職してからというもの、通院以外は家からほとんど出ず、運動もしていないために、体重が5kgも増えてしまったことを気にしていました。それで余計に自分のことが嫌いになり、ますます外出するのも億劫になっていました。そこで、「夕方に近所の公園まで散歩をし、帰宅したらすぐにカレンダーに○印を記入する。散歩中に気に入った風景をスマートフォンで写真に撮る」という目標を立てました。デイケアではそれぞれの参加者の目標をポスターに書いて壁に張り出しました。そして翌週に、それぞれが1週間でおこなったことを報告し合いました。ツバサさんは散歩の記録をつけているカレンダーと散歩中に撮った写真の入っているスマートフォンを持って行き、参加者に見せました。そして参加者から「きれいな写真！」「写真撮るのがうまいですね！」「散歩を続けていることですね。えらいです！」などのコメントをもらって嬉しくなりました。最初は週に1回から3回ほど散歩をしていましたが、2ヵ月経つと週に4回か5回ほど散歩をすることが日課となりました。散歩が効果的だったのか、ツバサさんは夜にわりと長い時間眠ることができるようになりました。体重は2kgほど減り、少し身体が軽くなった感じがしています。

エクササイズ

ツバサさんの場合、①何をすることが目標行動だったのでしょうか。そして、②どのような強化の随伴性によってその行動が変化したのでしょうか。随伴性ダイアグラムに入れて考えてみましょう。③この行動はオペラント条件づけの基本の4つのパターンのうち、どの随伴性によって形成されていったのでしょうか。

①ツバサさんの目標行動：

②強化の随伴性

③この随伴性はオペラント条件づけのどのパターンですか？

ツバサさんの場合は「夕方に近所の公園まで散歩すること」が目標行動でした。それに加えて、「帰宅したらすぐにカレンダーに印をつける」「散歩中に気に入った風景を写真に撮る」ことも付随する行動として目標に取り入れました。これらは**行動の所産（products of behavour）**といわれるもので、目標の行動をおこなった証拠を何かしらの形として残しておく方法です。行動をしたかどうかはこの行動の所産をみることで確かめることができます。散歩をした直後に、カレンダーに印をつけることができること、散歩中に写真を撮ることができること、これらが散歩をするという目標行動の直後に出現することで、散歩をする行動が強化されていったと理解することができます。好子出現による強化といえます。デイケアの参加者からほめてもらうことや体重が減ること、身体が軽くなった感じがすることなどもよいフィードバックとなっていましたが、これらは目標行動の直後に出現するものではありませんので、好子となっていないかもしれません。この例のように、複数の方法を採ったときにどれが最も効果的であったかは正確に知ることができません。一つひとつの原因をきちんとつかむためには、統制された実験をおこなう必要があります。

事例：小学校2年生のスミレさんはクラスメイトから髪の毛や洋服を引っ張られたり、登校中にランドセルを叩かれたりするという嫌がらせを受けていました。大きな声ですぐに「イヤ」とか「やめて」と言い出せず、泣いてしまうことがよくありました。スミレさんの家族から相談を受けた担任の先生は、その嫌がらせをする児童を注意すると同時に、スミレさんが嫌なことをされたら「イヤ」「ダメ」「やめて」などときっぱりと主張する練習を何度もおこないました。放課後の教室で、先生がクラスメイトの役になってスミレさんの髪の毛や洋服を引っ張る真似をして、スミレさんが小さな声でも「ダメ」「やめて」と言ったらすぐに引っ張る動作をやめ、「スミレさんの今の言い方はすごくよかったよ」とフィードバックをしました。練習を重ねるうちにスミレさんの声も徐々に大きくなっていきました。今度はスミレさんの友だちにも手伝ってもらって、その友だちがスミレさんの髪の毛を引っ張る真似をしたときもスミレさんが「やめて」と主張できたらすぐに引っ張る真似をやめてもらうということを繰り返しました。練習を重ねるうちにスミレさんは、はっきりとした声で「イヤ」「やめて」と主張できるようになりました。実際の場面でも、登校中にランドセルを叩かれたときには「ダメだよ！」と違った言い方をして、嫌がらせをするクラスメイトを追い払うこともできるようになりました。

エクササイズ

スミレさんの事例では、①何をすることが目標行動だったのでしょうか。そして、②どのような強化の随伴性によってその行動が変化したのでしょうか。随伴性ダイアグラムに入れて考えてみましょう。③この行動はオペラント条件づけの基本の4つのパターンのうち、どの随伴性によって形成されていったのでしょうか。

①スミレさんの目標行動：

②強化の随伴性

| 直前状況 | 行　動 | 直後状況 |

③この随伴性はオペラント条件づけのどのパターンですか？

スミレさんの目標行動は、嫌がらせを受けたときに「イヤ」「やめて」と相手に主張することでした。そして「やめて」と主張できたときに嫌がらせが止むという随伴性と、うまく言えたときに先生が「上手だったよ」とフィードバックをしてくれるという随伴性が働いていました。前者が嫌子消失による強化、後者が好子出現による強化です。そして、好子出現による強化はあくまでも最終的な嫌子消失による強化をもたらす行動を形成するためだけに付加的に用いられたことに注意してください。つまり、好子出現による強化はスミレさんがもっていない行動のレパートリーを新たに形成するために一時的に用いられたのです。

事例：精神科のデイケアに通っているコノミさんは、就労支援プログラムの一環として週2回ほど作業所に行ってパソコンでポストカードや名刺を作ることになりました。作業所のスタッフがパソコンを使った作業の仕方をいろいろ教えてくれましたが、パソコンにあまり慣れていないコノミさんは数回通ってもまだどうやって作業をしたらよいのかよくわかりませんでした。うまく作業ができずに時間ばかりが経ってしまいます。コノミさんはデイケアのスタッフにこのことを相談しました。するとデイケアのスタッフは「手を挙げて『これでいいかちょっと見てください』と頼んでみることと、指示されたことをメモ帳に書き留めて、わからないことがあったらメモを確認することをしてみたらどうでしょう」とアドバイスをしてくれ、何回かその練習をしました。次に作業所に行ったコノミさんはパソコンの使い方がわからなくなったときに手を挙げるようにしました。そしてスタッフが近くに来たら「これでいいか見てください」と頼んでみました。するとスタッフはコノミさんの疑問点に答えてくれました。それからパソコンの使い方をコノミさんはメモ帳に書き留めてみました。そんなことが続くうち、コノミさんはわからないことがあったら手を挙げてスタッフに相談するか、メモ帳を見て作業内容を確認できるようになりました。

4 生活への応用——応用行動分析学

エクササイズ

コノミさんの事例では、①何をすることが目標行動だったのでしょうか。そして、②どのような強化の随伴性によってその行動が変化したのでしょうか。随伴性ダイアグラムに入れて考えてみましょう。③この行動はオペラント条件づけの基本の4つのパターンのうち、どの随伴性によって形成されていったのでしょうか。

①コノミさんの目標行動：

②強化の随伴性

直前状況	→	行　動	→	直後状況

③この随伴性はオペラント条件づけのどのパターンですか？

コノミさんの目標行動は、作業所でわからないことがあったら手を挙げてスタッフに質問をしたり、メモ帳に書いてそれを確認したりするといった行動でした。そういった行動をおこなうことで、コノミさんが抱えていた疑問が解消するという嫌子消失による強化によって行動が形成されていったと理解することができます。

ステップ3：好子を探る
――「十人十色」「蓼食う虫も好き好き」をお忘れなく

　行動形成の際に、目標行動をはっきりさせることと並んで、その人にとっての好子が何であるかを探ることが大きな課題となります。行動の直後に好子を呈示したり増やしたりすることで、その行動が強化されていくわけですが、厳密にいえば、目標とする行動の直後に、あるものごとを呈示したり増やしたりすることで、その行動がそれ以後、頻繁に生じるようになった場合、その行動の直後に呈示したり増えたりしたものを好子というわけです。本人が好きと言っているものや好んで選んでいるものが必ずしも好子というわけではありません。行動の直後に呈示してその行動が実際に強化された場合に、それが好子であったと後づけで判断できるわけです。つまり、どのように好子を設定するか、それが好子なのかというのは、実はやってみないとわからないことが多いのです。

　それでも好子を決めるときには、次のようないくつかのヒントがあります。

　小さい子どもの場合は、本人が何度も「やって」と要求することが好子となるかもしれません。おもちゃを使った楽しい遊びとか大人との身体遊びなどが好子になることが多いかもしれません。親や先生からの笑顔や、「上手だね」「えらいね」などのほめことばだけでも進んで行動をするようになる子どももいます。友だちに注目されることが好子になることもあります。

　もう少し大きくなってくるとゲームやスマートフォンを操作することが好子になる場合もありますし、勉強や調べものをして知らなかったことがわかるようになること、疑問を解決すること、勉強をして徐々に知識が身についていくことそのものが好子となっていくこともあります。

　大人の場合は、もっと複雑になるかもしれません。お金を稼ぐこと、誰かの役に立つこと、チームで何かを達成すること、勉強や仕事を終えた後のおいしいご飯やビール、一定量の課題を終えた後の休憩やゲーム、親しい人と過ごす時間、美しく健康な身体でいること、勉強や課題を達成することそのものなど、人によってまさに何が好子となるのかは十人十色、蓼食う虫も好き好きなのです。

　行動した結果を日記帳に書く、カレンダーに印をつける、表計算のソフトを使って結果をグラフにするなど、行動の結果を記録にするだけでも、それが視覚的なフィードバックとなって行動が強化されていくこともあります。こういった結果をソーシャルネットワーク上で公開したり、ユーザーからフィードバックをもらったりすることも好子となる場合もあります。

4　生活への応用——応用行動分析学

エクササイズ

ここであなたのいくつかの行動がどのような好子出現によって維持されているのかを考えてみましょう。あなたがある行動をするとき、それはどのような結果があるからその行動をおこなうのでしょうか。あなたが好きなものや特別なときのごほうびにしているもの、あなたが何のために行動するのかなどを参考に考えてみましょう。

①好子を探るときのヒント❶：プレマックの原理

　何度も繰り返し生じる行動（高頻度行動）は、なかなか生じない行動（低頻度行動）の好子となることがわかっています（Premack, 1965）。これを、発見した人の名前を取って**プレマックの原理（Premack's principle）**といいます。次のような例で考えてみましょう。小学生のカイくんは学校から帰ってくるとランドセルを置いて一目散にゲームに飛びつきます。学校の宿題に手をつけることなく、夕飯の時間までゲームをします。宿題をするのは就寝直前か翌朝になることもあります。まれにお母さんが「先に宿題をしなさい」と叱ることがあり、そのときはゲームを中断して宿題を適当に済ませ、すぐにまたゲームをやり始めます。ある日、お母さんはカイくんと相談をして「宿題を終えたらゲームをする」という約束を作りました。そしてお母さんはカイくんの見えないところにゲーム機をしまいました。カイくんは、学校から帰ってくると「ゲーム機はどこ？」と文句を言いながらも宿題を先に済ませました。お母さんはそれを確認して「約束を守ったね」とすぐにゲーム機を出してあげました。それからも、カイくんはお母さんとの約束どおりに先に宿題をしてからゲームをするようになりました。

　2つの行動の起こりやすさに差があれば、より高頻度で起こる行動がもう一方の行動の好子として、逆により低頻度で起こる行動がもう一方の行動の嫌子として働くのです。カイくんの例では、高頻度で起こる「ゲームをする」という行動が、低頻度で起こる「宿題をする」という行動の好子となって、宿題をする行動が強化されていったというわけです。こういった工夫は行動分析学を学んでいなくても、自分自身の目標を達成させるために活用している人もいます。レポートを書いてから大好きな映画を観に行くとか、30分間運動をしてからお気に入りのカフェに入っておいしい物を食べるとか、家の掃除をしてから好きなテレビドラマを観るといったことは、みなさんも何度か経験をしているかもしれません。

②好子を探るときのヒント❷：トークンエコノミー法

　みなさんのお財布の中にはいろいろなお店のポイントカードが入っていると思います。

スーパーマーケットのポイントカード、行きつけの飲食店のカード、マッサージ屋のスタンプカード、商店街のすべてのお店で使えるスタンプラリーカードなどです。

　ポイントカードは、そのお店で買い物をして、その支払い金額に応じて一定のポイントをもらい、ある程度ポイントが貯まったらいくらかの金券や割引券、景品などと交換できるというものです。買い物をすることでポイントという好子が出現するという随伴性によって、そのお店に行って買い物をするという行動が強化されるのです。お店の側からすると大変にありがたいシステムです。「水曜日はポイント10倍デー」などのキャンペーンをおこなうと、水曜日にはそのお店の売り上げはグッと上がります。もちろん買い物をすることは、買った商品そのものによって強化されますが、このような付加的な好子によってその頻度をより高められるというわけです。

　このポイントカードに代表される行動形成の方法を**トークンエコノミー法**（token-economy method）といいます。増やしていきたいターゲットとなる行動が生じたときに、あらかじめ決めておいた量の**トークン**を呈示します。このトークンを**代替好子**（alternative reinforcer）といいます。トークンをもらう側は、そのトークンを貯めていき、一定量貯まったときに、何らかの好子（金券や商品、何かをする機会など）と交換をすることで、そのターゲット行動を形成していくというものです。トークンが一定量貯まったところで交換できる好子を**バックアップ好子**（backup reinforcer）といいます。

　この方法を利用した行動形成は、さまざまな場面で応用されています。奥田（2005）は不登校の児童に対してトークンエコノミー法を用いて学校へ行く行動を形成し、その効果を報告しています。その他にも、地域の清掃活動の促進や古い商店街の活性化にトークンエコノミー法を実施している例（浅野，2015）や、児童が椅子に着席する行動をトークンエコノミー法によって形成している例（永富・吉野・上村，2011）もあります。

　トークンエコノミー法は次のような方法です。ある小学校の教室では、なかなか宿題を提出しない児童が宿題を提出する度に先生がそれぞれの児童のノートの裏表紙に小さな丸いスタンプを押していきました。最初はそのスタンプが2個貯まったところで児童たちに人気の動物や昆虫、恐竜などのシール1枚と交換できるようにしました。学校のある5日間のうち3日間は宿題を安定して提出できるようになってきたところで、今度はスタンプが5個貯まったら好きなシール1枚と交換できるようにしました。それから5日間連続で宿題を提出する週が2週間続いたので、その次にはスタンプが10個貯まったらシール1枚と交換できるようにしました。このような工夫を続けていった結果、何人かの児童は宿題を提出することが習慣化していきました。

　トークンエコノミー法には、学校場面や公共の場面など、その場ですぐに好子を呈示することができない場合においても、代替好子を呈示することで行動を形成していくことができる点に特徴があります。また、バックアップ好子と交換するまでのトークンの量を調整していくことで好子への飽和化を防ぐこともできます。

エクササイズ

トークンエコノミーを実施するときには、いくつかの工夫が必要です。何度もお店に通って買い物をしているのに、貯めなければならないポイントが多すぎるとどうなるでしょうか。頑張ってポイントを貯めたにもかかわらず交換できるバックアップ好子が魅力的なものでなかったらどうでしょうか。いつもは 10000 円もするレストランのコース料理を半額で食べることのできる金券だったら嬉しいですが、100 円程度の割引だったらあまり魅力を感じないかもしれません。

みなさんのお財布の中に入っているポイントカードを全部出して見比べてみてください。どのような工夫をしたらより頻繁にそのお店を利用するようになるでしょうか。逆にどのようなものだとそのお店にはあまり行かなくなってしまうでしょうか。

③好子を探るときのヒント❸：確立操作

43 ページで学習をした確立操作を思い出してください。好子や嫌子が行動にもたらす効果を高めたり低めたりすることを確立操作といいました。確立操作には、飽和化と遮断化の2つがありました。行動形成をしていく際には、この確立操作が役に立ちます。

しばらく好子に触れる機会をなくすという遮断化によって、その好子の価値が高まります。このような状態になってから、目標とする行動の直後にその遮断されていた好子を呈示することで、その行動を強化していくことができます。

しばらく大好きなケーキを食べるのを我慢しておき、目標であったレポートの課題を書き終えてから食べるとか、普段は映画を観に行かずに、目標としていた大事な仕事を終えてから観に行くといったような工夫をするのです。

ステップ4：まだ獲得していない行動を形成する
──シェイピングと漸次接近法

　形成していきたい行動であっても、その人が現在おこなっていない行動の場合は、いくら待ってもその行動が生じることはありませんから、そもそも強化することもできません。待ちぼうけを食らうだけです。その人がまだ獲得していない行動を形成することを**反応形成・シェイピング（shaping）**といいます。

　シェイピングの中でも、その人がもっている行動レパートリーの中で、目標の行動に少しでも近い行動が生じたらその行動を強化しながら、徐々に本来目標としていた行動に近づけていくという方法があります。このように今ある行動の近いものから順に目標行動に近づけるようなやり方を、**漸次接近法（successive approximation）**といいます。

　まずはラットのレバー押しの実験で漸次接近法によるシェイピングがどのようなものなのかをイメージしてみましょう。まずラットの行動とは関係なくエサを呈示します。エサを呈示する装置が作動する音とエサとの関係をラットに学習させるためです。つまり、作動音がしたらラットは何をしていてもエサが呈示されたということがわかるようにするのです。また、この段階ではラットは「レバーを押すとエサが出てくる」という随伴性を学習していません。ラットに「レバーを押せばエサが出てきますよ」とことばで教えることもできませんし、ラットの手を引っ張ってレバーに近づけることもできません。人間が見本を見せてもラットはそれを模倣することもしません。そこで、漸次接近法による行動形成をおこないます。最初はラットがレバーの方を見たらエサを出すのです（イラスト①）。つまり、レバーに注目する行動を強化するのです。強化された行動は生じやすくなりますから、次はレバーに注目しても強化しないでレバーに近づいたらエサを出し、レバーに接近する行動を強化します（イラスト②）。レバーに近づく行動が十分に生じるようになったら、今度はレバーの付近にある何かを触る行動を強化します（イラスト③）。レバーの近くにあるものを触ることができるようになったら、今度はレバーそのものに触れる行動を強化します。レバーに触れる行動が高頻度で生じるようになったら、最後にレバーを押し下げる行動を強化するのです（イラスト④）。このようにして、目標とする行動に近い反応を強化しながら徐々に目標とする行動を形成していく過程が、漸次接近法によるシェイピングなのです。

　このシェイピングでは、好子出現による強化（正の強化）と消去とがうまく組みあわされていることに注意してください。レバーを見る行動を強化するとその生起頻度は高くなりますが、次の段階ではその行動を消去しながらレバーに近づく行動を強化しています。消去に入ると61ページで説明したように行動の変動性が高まりますから、最初は生じにくかったレバーに近づく行動がより生じやすくなっているわけです。このように漸次接近法によるシェイピングでも、強化と消去の原理がうまく利用されているのです。

4 生活への応用——応用行動分析学

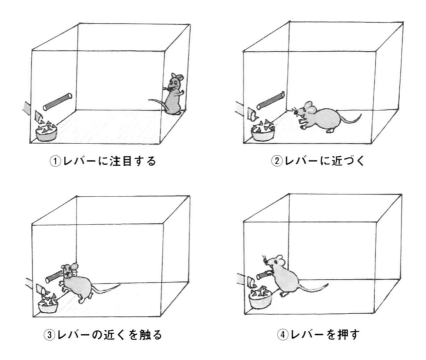

①レバーに注目する　　　②レバーに近づく

③レバーの近くを触る　　④レバーを押す

　漸次接近法を用いた実践研究には次のようなものがあります。たとえば、安生・山本（1991）は、高校生が硬式野球ボールを投げる際の投球技能の指導に漸次接近法を含めた応用行動分析学による指導を実施し、その効果を報告しています。
　私たちの日常生活でも、次のような場面で漸次接近法が応用されています。学校や塾などで英語を学習するとき、最初はうまく英語の発音ができません。見本の音に徐々に近づけていくことで、私たちはよりきれいな発音を獲得していくことができます。大人が子どもに自転車乗りを教えている光景を公園などでよく目にします。観察をしていると、大人が子どもの自転車の後ろを押さえてバランスを取りながらゆっくりと走り、スピードが出てきたら手を離して子どもが1人で乗っている時間を長くしていくという練習方法が多いようです。練習の過程で子どもたちは何度も転ぶわけですが、それでも果敢に自転車乗りにチャレンジする子どももいれば、逆に怖くなってしまって練習をやめてしまう子どももいます。そこで表8に示したような漸次接近法による練習方法をおこなうと、自転車の練習を怖がる子どもでも無理なく自転車に乗ることができるようになります。

表8　漸次接近法による自転車乗りの練習方法

ペダルを外した自転車	①ペダルを外した自転車の左横に立ったまま自転車のハンドルを持つ
	②左横でハンドルを持ったまま歩く
	③ハンドルを持って低くしたサドルにお尻を乗せる
	④お尻を乗せたまま地面を蹴って歩く
	⑤両足で地面を蹴りながら進む
	⑥地面を蹴りながら両足を3秒間ほど浮かせて進む
	⑦地面を蹴りながら両足を8秒間ほど浮かせて進む
	⑧地面を勢いよく蹴って両足を浮かし、バランスを取りながら進む
ペダルをつけた自転車	①ペダルをつけた自転車に乗って地面を勢いよく蹴って両足を浮かせる
	②地面を勢いよく蹴って両足を浮かせ、両足をペダルに乗せる
	③地面を勢いよく蹴って両足をペダルに乗せ、右足でペダルを下に押す
	④地面を勢いよく蹴って両足をペダルに乗せ、左足でペダルを下に押す
	⑤地面を勢いよく蹴って両足をペダルに乗せ、右足、左足のペダルを交互に足で押して進む
	⑥右足、左足のペダルを交互に足で押して進む

エクササイズ

ここで漸次接近法のステップを考える練習をしてみましょう。ここにもただ1つの正解というものはありません。次の行動がどのようなステップを積み重ねて形成されていくのかを考える練習をしてみましょう。

スイミングスクールのコーチになったつもりで、今日初めてレッスンに来た子どもが半年後にはビート板を使ってバタ足ができるようになるまでを想定して、シェイピングの過程を考えてみましょう。最初のステップと最後のステップをヒントにして考えてみましょう。

・顔を水につける

・ビート板を両手で持って足を伸ばしてプールの壁を蹴り、左右の足（膝から下）を交互に上下に動かす

ステップ5：複雑な行動を単純な単位に分ける ——課題分析とスモールステップ化

　日常生活で私たちが頻繁におこなっているお風呂に入る、歯磨きをする、料理をする、掃除をする、買い物をするなどの行動は、さまざまな行動のユニット（単位）がつながった複雑な行動です。電車に乗って出社する、学校の宿題を提出する、旅行に行く、手紙を出す、論文を書くといった行動も同じです。

　いくつもの行動のユニットからなる複雑な行動を最初から形成していくことは現実的ではありません。小さい子どもに「カレーライスを作って」とお願いしても実行することは難しいでしょう。初めてレポートを書く学生に「できあがったら見せてね」と指導する教員はきっといないでしょう。日本では車の運転免許を取りに行った人に、初めから公道に出て車を運転させることはありません（教習所に通ったことのある人は、そこでどのようなステップを経て車を運転するようになったかを思い出してみてください）。

　いくつものユニットからなる複雑な行動を形成していく場合には、行動形成しやすいように行動を単純なユニットに分けて順に学習を促していく必要があるのです。

　目標とする一連の行動を学習しやすいように単純なユニットに分けていく作業を**課題分析（task analysis）**といいます。そして、それを学習しやすいように一連の流れに順序立てたり、すでに簡単にできる部分をつなげたりして、その人にとって必要かつ十分な過程に構成し直します。これを**スモールステップ化**といいます。

　課題分析とスモールステップ化をおこなう際は、その行動をおこなっているところをイメージしてみたり、誰かがおこなっているところをビデオに撮ったりしながら、その行動を身につける本人が学習しやすいように必要十分なユニットに分けていきます。課題分析をおこなったら、次にそのそれぞれの行動が意味のあるつながりとなるように一連のステップに組み直し、表などに書き出します。たとえば、庭山・松見（2012）は、和服の着付け行動の学習を促す研究において、和服に関する論文などを参考にして紋付き袴の着付け行動を課題分析し、これを49のユニットに分けています。根木・島宗（2009）は、合気道の技の習得を促す研究において、合気道の1つの技を課題分析し、これを5つのユニットに分けて習得を促した研究を報告しています。

　ここで「ペットボトルの蓋を開けて、水をグラスに注ぐ」行動を課題分析してみましょう。表9のように8から10の行動のユニットに分けることができるでしょう。

表9 「ペットボトルの蓋を開けて、水をグラスに注ぐ」行動の課題分析

・ペットボトルを片方の手で持つ
・ボトルのキャップをもう片方の手で握る
・キャップを半時計回りにグルグルと回す
・緩んだキャップをボトルから取り除く
・キャップをテーブルに置く
・空いた方の手でグラスを持つ
・ボトルの口をグラスに近づける
・ボトルを傾け、水をグラスに注ぐ

エクササイズ

みなさんもここで課題分析の練習をしてみましょう。次に挙げた日常的な行動の中から2つの行動を選び、課題分析をしてみましょう。課題分析をする際は、その動作をゆっくりとおこなってみたり、誰かに順におこなってもらったりしながら、それらの行動を観察して、ユニットに分けていくといいでしょう。

スーパーで買い物をする / 卒業論文や課題のレポートを提出する / 国内旅行の計画を立て実行に移す / 国際線の飛行機に乗る / 飲み会の幹事をする / ソーシャルネットワークに写真つきの記事を投稿する / ペットボトルのお茶を飲む / トランプでばば抜きをする

ステップ6：単純な行動をつなげていく——行動連鎖

　形成していきたい行動の課題分析とスモールステップ化をおこなったら、その次には、これら一連のユニットからなる行動を順に形成して、つなげていきます。この行動形成の方法を**行動連鎖（chaining）**といいます。

　行動連鎖で一般的におこなわれているのは、**逆向連鎖（backward chaining）**や**順向連鎖（forward chaining）**という方法です。

　逆向連鎖は、スモールステップ化した行動の最後のユニットを最初に形成し、そこから順に前へ前へとさかのぼってつなげていくというものです。最後のユニット以外はすべて支援する側が準備をしておき、最後のユニットだけを学習する本人がおこないます。そのユニットがおこなわれたら、すぐに好子を出現させ、その最後のユニットを強化していきます。そのユニットが十分に強化されたら、次にその1つ前のユニットと最後ユニットの行動を続けて形成していきます。このようにして最後から前にさかのぼって一連の行動を形成していく方法が逆向連鎖です。

　この方法では、いつでも毎回、行動の完了という好子が出現するという結果があります。筆者らは、小さい子どもが自分でペットボトルのキャップを開けて水を飲めるようになるまでの過程をこの逆向連鎖によって形成していきました。最初は大人が一度キャップを開けてから、もう一度ペットボトルにかぶせるように戻し（ただキャップを乗せるだけです）、子どもが自分でキャップを取り除いて水を飲みます。次には、わずかにゆるくキャップを閉めておきます。子どもが反時計回りに少しだけキャップを回すとキャップが外れるようにしておくのです。その次には、さらにもう少しだけきつめにキャップを閉めておくというようにして、徐々に固いキャップでも自分で開けて水が飲めるようになるまで、この方法を続けていきました。

　順向連鎖は、逆向連鎖と反対の方法です。最初のステップだけを学習する本人がおこないます。それ以後の行動はすべて支援する側が準備をしておきます。最初のステップが形成されたら、今度は最初のステップとその次のステップを続けて形成していきます。この方法では、スモールステップ化した行動を最初から順番に学習していくことができるというメリットがあります。

ステップ7：行動が起こりやすくなるような事前の手助けをする

　シェイピングや課題分析などをおこない、目標とする行動を形成しやすくしていくわけですが、これだけでは行動形成が進まない場合もあります。待っていてもその行動がなかなか生じない場合は、どうしたらよいでしょうか。

　積極的にその行動が生じやすくなるような手助けをすることで行動形成を進めていくことがあります。その方法には、**身体誘導（身体的ガイダンス）**、**モデリング**、**言語教示（言語指示）**、**視覚呈示**などがあります。これらは、先に登場した課題分析やスモールステップ化、行動連鎖と組み合わせておこなうことで、より効果的に行動形成が進んでいきます。生起した行動の直後に好子出現か嫌子消失の随伴性によってその行動を強化していくことは言うまでもありません。

　身体誘導とは、行動を教える側が、学習する側の身体を誘導して動かし、実際にその行動をどのようにおこなったらいいのかを直接的に教えていく方法です。スポーツのコーチングなどでは、指導者が選手の手足を誘導して「このように動かしてみて」と指導する場面がありますが、これは身体誘導の好例です。この他にも、障害児への適切な生活スキル指導などの場面でも用いられています（例：兒島・山崎・島宗, 2012）。

　モデリングとは、行動を教える側が行動の見本をみせて、学習する側の模倣を促すという方法です。陸上や水泳、野球、ダンスなどさまざまなスポーツのコーチングにおいて、よりよいフォームを指導する際に使われます（例：根木・島宗, 2009; 中村・松見, 2009）。子どもに着替えや歯磨き、おもちゃを使った遊び方、買い物の仕方など日常生活のさまざまな動作を教えていく場面でも使われます（例：嶋田・清水・氏森, 1998）。

　言語教示とは、行動を教える側が、ことばで何をしたらよいのかを教えたり、いつおこなったらよいのかを指示したりする方法です。学校の教室場面をイメージするとわかりやすいでしょう。先生が子どもたちに「ノートを出しましょう」「一列に並びましょう」などと指示しているのは、言語教示によって、子どもたちの適切な行動を引き出そうとしている一例です。それ以外にも、スポーツの指導場面で「手をまっすぐ上に伸ばして」とことばで指導したり、学生に「このレポートのこの部分を直してください」と教授したりするのもこの方法によるものです。

　視覚呈示とは、メモやポスターなどを使ってその行動が起こりやすくなるようにする方法です。その行動を学習する人が文字を読むことができる場合には、スモールステップ化した行動を一覧表にして、自らチェックしながら行動を実行していくこともあります。小さい子どもが1人で手洗いをできるようにしていく場合、手洗いのステップをイラストにして洗面所に掲示して、これをヒントにしながら学習を促していくこともあります。

　日常場面や臨床場面では、これまでに説明した方法を、その人や状況に応じてうまく組み合わせて使うのが一般的です。そうした組み合わせを工夫して実行する教える側の行動も、同じように強化されたり、消去されたりすることに注意してください。

行動の誤学習の場合どうするの？
——困った行動を減らす

　ここからは「○○をして困る」「○○をし過ぎて困る」といった行動を減らしたり弱めたりするために、行動分析学がどのように応用されているかを学習していきます。

　困った行動というのは、その人がおこなっている行動が、その場面では相応しくないか、期待されたようなものではないというものです。その人にとっては、その状況において、それ以外の望ましい行動のレパートリーが他にはなく、別のやり方を知らないだけなのかもしれません。もっと他に適応的な行動があるはずなのに、たまたま学習した行動がその場面では相応しくなかった、つまり誤学習をしてしまったと考えられます。あるいは、ある場面では強化されていたのに別の場面では消去されて、他のうまくいく行動が出現していないのかもしれません。

　そこで、その間違って学習してしまった困った行動を減らしていったり、もっと別のより適応的な行動に変えていったりする対応が必要になります。

　表10に困った行動を減らしていくためのステップを示しました。事前に収集しておく情報や、その情報にもとづいて困った行動が減っていくような対応をおこなうこと、別のより望ましい行動が起こりやすくなるような工夫などによって困った行動に対応していくことができます。

表10　困った行動を減らしていくために必要なステップ

ステップ1　その行動が生じる理由を知る（機能分析）
ステップ2　予防策を取る、前もって状況を変えておく
ステップ3　ダブルの対応で効果アップ（分化強化と消去）
ステップ4　できるだけ使うことを避けたい方法（弱化）

ステップ1：その行動が生じる理由を知る
——機能分析（機能的行動アセスメント）

　困った行動を減らしたりやめたり、あるいは別の行動に変えたりするには、初めに、その行動が現在どのような随伴性で強化されているのかを調べなくてはなりません。そうすることによって、行動を減らしたり変えたりしていくための対策やヒントを得ることができるからです。

　その行動がどのような随伴性で強化されているのか、その困った行動にどのような機能があるのかを調べることを**機能分析（functional analysis）**または**機能的行動アセスメント（functional assessment）**といいます。

　平澤（2009）は、困った行動への対応を検討した応用行動分析学のさまざまな研究を概観していますが、その中で、困った行動への効果的な対応として共通したものとしてこ

の機能分析を挙げています。機能分析は応用行動分析学にもとづく問題解決の重要な過程で、質問紙や投影法などのいわゆる心理検査でなく、その人の実際の行動を観察することで行動の原因を探るための査定をおこないます。また、認知行動療法などでケースフォーミュレーションする際にも、重要な分析、アセスメント（査定）として機能分析が取り入れられています。

　機能分析には、間接分析、直接分析、実験的分析の3つの方法があります（平澤, 2015）。間接分析では、その困った行動をおこなっている本人やその人をよく知る人にインタビューをして間接的にその行動とその前後の情報を集めます。直接分析では、日常の中でその人がその困った行動をおこなっている場面を実際に観察し、その機能を調べます。実験的分析では、その行動が起こるような状況や逆に起こらないような状況を実験的に用意し、どのような状況で起こるのかを試しながら調べていきます。いずれの場合も、随伴性ダイアグラム（図4）を使います。その行動に関する情報を集め、行動の前後でどのような状況の変化があるのか、どのような随伴性が働いているのかを調べ、ダイアグラムに書き込んでいきます。その行動が強化されているということは何らかの随伴性が働いている、つまり行動の前後で何らかの状況の変化があるということです。誰がみても一目瞭然の変化もあれば、場合によっては随伴性がわかりにくいこともあります。行動と前後の状況の変化に注目をして、さまざまな可能性を考えながらそれらを随伴性ダイアグラム（図4）に記入していきます。もし、何も強化が働いていない場合は、96ページで説明したルール支配行動である可能性があります。

　随伴性ダイアグラムに記入をするときには、特定の状況でのその行動の起こりやすさを知るために、その行動がどのような弁別刺激（S^D）のもとで起こっているか、逆にその行動が起こらないのはどのような条件のとき（S^Δ）なのかについても情報を得るようにします。

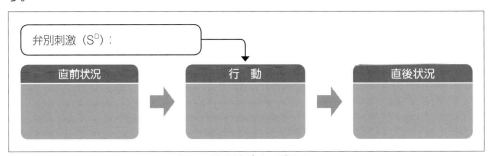

図4　随伴性ダイアグラム

4 生活への応用——応用行動分析学

　ここでいくつかの事例について、それぞれの行動とその行動が強化されている前後の状況の変化を随伴性ダイアグラムに入れ、その行動を機能分析してみましょう。

> 事例：3歳のコウくんはおもちゃを投げたり、絵本を破いたり、クレヨンで壁に落書きをしたりしてしまいます。妹のユウちゃんが寝ているベビーベッドに向かっておもちゃを投げたり、ユウちゃんを叩いて泣かせたりすることもあります。コウくんがそうしてしまうのは、自宅にいるときで、近所に住むおじいちゃんの家に行ったときにはそういうことはしません。コウくんがそうしてしまうのは、お母さんがご飯を作ったり洗濯物を干したり、誰かと電話をしたりしているときに多いようです。お母さんは、おもちゃが「ガシャン！」とぶつかる音やユウちゃんの泣き声を聞くと、コウくんの近くへやってきます。そして「あらあらあら！またやっちゃったの！！だめでしょ！」とコウくんを叱ります。叱られるとコウくんは「しない、しない」と言いながらお母さんにしがみついて泣きます。泣き止んでからしばらくの間はお母さんとコウくんは一緒におもちゃを片づけたり、散らかったクレヨンを一緒に集めてお絵かきをしたりしています。お母さんがコウくんの近くにいるときは、コウくんはおもちゃを投げたりしないで、絵本のページをめくったり、おもちゃで遊んだりしています。しかしお母さんが再び家事仕事に戻ると、コウくんは同じようにおもちゃを投げたり妹を泣かせたりしてしまいます。こんなことが1日に3、4回は起こるので、もうお母さんもうんざりしています。

　コウくんのおもちゃを投げたり妹を泣かせたりする行動を随伴性ダイアグラムに入れると次のようになります。ここから理解できることは、コウくんのこのような行動は、お母さんが来てくれる、お母さんと一緒にしばらく遊べるといった状況の変化によって強化されている可能性が高いということです。行動の直前にはなかった「お母さんの注目」や「お母さんと遊ぶ機会」という好子が行動することで出現する、好子出現による強化の随伴性によってコウくんのこれらの行動は強化されている可能性があるというわけです。

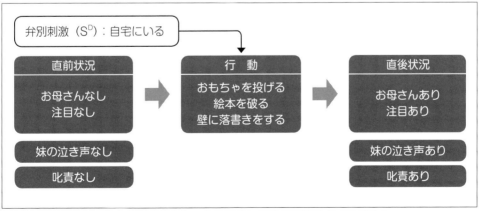

コウくんの「おもちゃを投げる」行動の随伴性ダイアグラム

事例：4歳のキイちゃんは幼稚園の友だちと一緒に遊んでいるときに、時々友だちに向かって近くにある物を投げたり、友だちを叩いたりしています。そうすると、その友だちは泣いて、それまで持っていた電車のおもちゃを床に落として、先生のところへ走って行きます。キイちゃんはすかさずその電車のおもちゃを持って遊び始めます。キイちゃんが叩いたり物を投げつけたりするのは、どうやら特定の友だちに対してではなく、その電車のおもちゃを持っている同級生なら誰にでもしてしまうようです。キイちゃんがその電車のおもちゃで遊んでいるところに友だちがやって来て、キイちゃんが遊んでいたその電車のおもちゃで遊び始めようとすると、キイちゃんは同じようにその友だちを叩いたり押したりしてその電車のおもちゃを奪い返そうとします。

　キイちゃんが友だちを叩いたり近くの物を投げたりする行動を随伴性ダイアグラムに入れると次のようになります。ここから理解できることは、おそらくキイちゃんが友だちを叩いたり物を投げつけたりするのは、そうすることで自分の手元になかったお気に入りの電車のおもちゃを手にすることができる、という好子出現による強化の随伴性によって維持されているためと考えることができます。

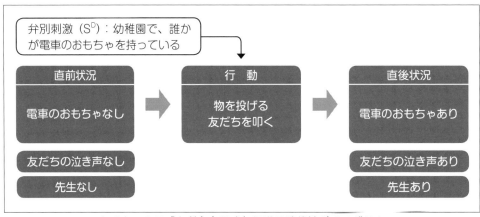

キイちゃんの「友だちを叩く」行動の随伴性ダイアグラム

4 生活への応用——応用行動分析学

事例：小学生のチハルさんは、算数と国語の授業で度々おこなわれている小テストの時間になると、隣の席のクラスメイトを叩いたり、椅子を蹴飛ばしたりします。筆箱やテスト用紙を床に投げつけたり破いたりすることもあります。教室はその度にざわつき、小テストの時間が中断されてしまいます。宿題の答え合わせをする時間にも、チハルさんは「宿題やってない！」と大声で叫んで、ノートを投げたり椅子を蹴飛ばしたりします。担任の先生はその度に「やめなさい」と言ってチハルさんを廊下や保健室などチハルさんがクールダウンできる場所へ連れて行きます。チハルさんはそれから20分ほどして教室へ戻ってきます。その頃には教室ではすでに小テストや答え合わせの時間が終わって、国語や算数の授業が始まっています。

　チハルさんがクラスメイトを叩いたり物を投げたり叫んだりする行動を、随伴性ダイアグラムに入れると次のようになります。チハルさんがクラスメイトを叩いたり椅子を蹴ったりノートを破いたりするのは、算数と国語の小テストや宿題の答え合わせの時間であり、そういった行動をすることで小テストや宿題の答え合わせをしなくて済むという嫌子消失による強化の随伴性が働いていると考えることができます。それ以外にも、1人になれるとか、クラスの注目を得るといった随伴性もあるかもしれませんが、チハルさんは小テストや答え合わせの時間以外は静かに授業を受けていることから、小テストや答え合わせという嫌子が消失することによる強化によって、これらの行動が維持されていると考えるのが妥当でしょう。

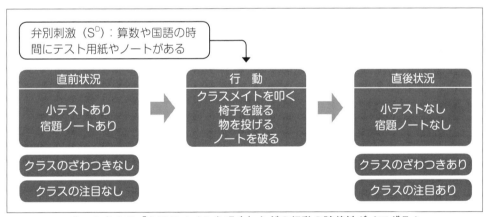

チハルさんの「クラスメイトを叩く」などの行動の随伴性ダイアグラム

事例：大学生のリオさんは大学のゼミでグループ研究をすることになりました。5人のグループで、1つのテーマを決め、それについての文献や資料を図書館やインターネットで集めて情報をまとめて、2ヵ月後にゼミで発表するというものです。リオさんのグループもこれまでに何度か集まって研究のテーマを絞ったり資料を集めたりしました。あるとき、グループの中に1人、友だちや彼氏、バイト先の店長の愚痴などを言い出すメンバーが出てきました。最初のうちは、他のメンバーもその話に乗ってアドバイスをしたり、「大丈夫？」「大変だね」と優しくコメントしたりしていました。そうするうちに話題がどんどん逸れていき、最近では、就職活動がうまくいかずに悩んでいるとか、自分は何のために生きているのかといった人生相談のような集まりになってしまって、研究がまったく進まなくなってしまいました。リオさんが研究の話題に話を戻しても、その1人はすぐに話題を逸らして研究とは関係のない話を始めます。集まる回数を増やしましたがそれでも研究は進まず、そのメンバーはいつも何かしらの悩み事を口に出します。リオさんと他のメンバーはどうしたらよいのかと考えました。そして、できれば研究とは関係のない話題をやめて研究に参加してほしいと思っています。

　研究とは関係のないおしゃべりをしてしまう行動を随伴性ダイアグラムに入れると次のようになります。リオさんの研究グループの1人が愚痴を言ったり悩み事を言ったりするのは、そうすることで他のメンバーから何かしらのアドバイスがあったり、優しいコメントをしてもらったりするという好子出現によって強化されていると考えることができます。それに加えて、愚痴を言ったり悩みを打ち明けたりすることで、一時的に研究課題をしなくて済むという嫌子消失による強化の随伴性も働いていると考えることができます。

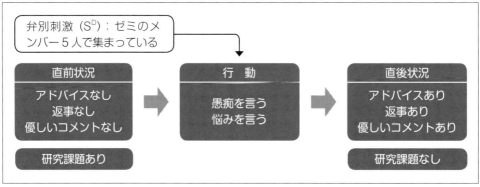

リオさんのグループの「愚痴を言う」などの行動の随伴性ダイアグラム

4　生活への応用——応用行動分析学

機能分析は外せない大事なプロセス

　機能分析は行動を変えていく際に外すことのできない大事なプロセスです。機能分析をすることによって、その行動がどのような理由で強化され維持されているのかを知ることができます。

　ここで、「3　オペラント行動」で学習をしたことを思い出してください。行動が強化されるのには2つのパターンがありました。復習のために思い出して書いてみましょう。

プログラム学習	学習日					
	正解の数					

目標：行動が強化される2つの基本的なオペラント条件づけを説明できること。
課題：次の問題文の空欄を埋めましょう。すぐに答えを確認しましょう。

基本的なオペラント条件づけの過程として、行動が強化されるのには2つのパターンがありました。1つが🅐　　　　　　で、もう1つが🅑　　　　　　です。🅐　　　　　　は行動することでこれまでにはなかった🅒　　　　　　が出現することでその行動が強化されるもので、🅑　　　　　　は行動することでこれまでにあった🅓　　　　　　が消失することでその行動が強化されるものです。

　　解　答　🅐好子出現による強化　🅑嫌子消失による強化　🅒好子　🅓嫌子

　機能分析がなぜ大切なのかを考えてみましょう。先ほど登場した事例のうち、3人の子どもの事例では、どの子どもも「友だちを叩く」「物を投げる」「絵本やノートを破る」といった行動をしています。観察できる**行動の形態（topography）**としてはいずれの行動も似ています。「暴力を振るう、物を壊すということで、これら3人の行動は同じ行動でしょう」と指摘する人もいるかもしれません。たしかに、目に見える行動の形としてはこれら3人の子どもの行動はほとんど同じなのです。

　ところが、行動分析学ではこれらの行動はまったく違ったものとして捉えます。何がどのように違うのかというと、その行動の**機能**が違うのです。機能、すなわちその行動のもつ働きや目的、行動がもたらす効果が違うのです。これらの違いは、機能分析をおこなうことでわかってくるのです。コウくんの場合は、そうすることでお母さんがやってくるという好子出現の機能がありました。キイちゃんの場合は、電車のおもちゃを手に入れることができるという好子出現の機能がありました。チハルさんの場合は、小テストや宿題の答え合わせをしなくて済むという嫌子消失の機能がありました。

　このように行動の形態としては似ている行動であっても、その機能が異なれば強化されている原因も異なるわけです。オペラント行動の正確な定義は、同じ機能をもつ反応のことですから、同じ形態の行動も異なるオペラント行動に分類されることもあれば、まったく異なる形態の行動であっても同じオペラント行動に分類されることもあります。強化されている原因が異なる、つまり異なる機能をもっている別のオペラント行動であるということは、似ているような行動であっても対応の仕方、すなわちその行動を減らしていく方

法も違っているということです。たとえば、コウくんがおもちゃを投げたり妹を叩いたりする行動はお母さんが来てくれるという好子出現によって強化されていたわけですが、今後もコウくんがこのような行動をしてしまったときに、お母さんが慌てて飛んできてコウくんを叱ったりおもちゃを一緒に片づけたりするという対応を続けてしまえば、ますますコウくんのこれらの行動を強化してしまう可能性が高くなるということです。キイちゃんの場合は、友だちを叩いたりおもちゃを投げたりしたときに先生が叱ったりなだめたりしても、おそらくお気に入りの電車のおもちゃを獲得することができなければ、キイちゃんのこの行動は減ることはないかもしれません。チハルさんの場合も、教室で大騒ぎをするたびにクールダウンといって、教室から出されてしまっては本末転倒であり、いつまで経っても小テストを逃れる機能をもつこれらの行動は維持され続けてしまいます。機能分析が大切なワケはここにあるのです。

　この考え方・やり方は、他の心理学や精神医学などと決定的に異なっています。応用行動分析学では一人ひとりのその行動がどのような働きや機能をもっているかによってその問題を探り、介入していきます。一方、他の方法の多くはさまざまな検査などによって診断を下して（ラベルを貼っているだけかもしれません）、その診断名にもとづいて原則として同じ介入をしていきます。一人ひとりのそれぞれの行動の機能をアセスメント（査定）するには時間も手間もかかりますが、同じように見える行動でもその機能が異なっていれば、それぞれに対応した介入をしなければ問題を解決に導くことは難しいと考えられます。

　また、こうした機能分析は一度おこなえばよいのではなく、その分析が正しかったかどうかを、機能分析にもとづいた介入の結果をきちんと観察することで常に見直すことも必要です。したがって、応用行動分析学では、介入の効果をきちんと評価するためにターゲット行動のデータをとることが必要なのです。

　このように機能分析は、行動の随伴性によって行動を理解し、介入方法を考えて実行し、その効果を評価し、見直すというすべての過程に関わる重要なプロセスなのです。

4 生活への応用——応用行動分析学

ここで機能分析の意味を考えるために、次の2つのエクササイズをしてみましょう。

エクササイズ

次の4つの場面で「今日は暑いですね」と言う行動がどのような機能をもっているかを随伴性ダイアグラムに入れて考えましょう。続いて、それぞれの場面で「今日は暑いですね」と言う行動と同じ機能をもつ、別の行動を1つ考えてみましょう。ことばでもいいですし、何かの動作でも構いません。

場面1：訪問先の家で「今日は暑いですね」と言ったら家主がエアコンのボタンを押して、設定温度を下げた。
場面2：上司と飲みに行っていて「今日は暑いですね」と言ったらもう一杯ビールを注文してくれた。
場面3：大学で先生に会って「今日は暑いですね」と言ったら「そうですね、夏真っ盛りですね」とコメントが返ってきた。
場面4：庭師がある家の庭で仕事をしていて、その家の主人に「今日は暑いですね」と言ったら「しばらくここでお休みください」と縁側で休憩することを勧められた。

	「今日は暑いですね」と言う行動の機能	同じ機能をもつ別の行動
場面1		
場面2		
場面3		
場面4		

　場面1は、そう言うことでエアコンをつけてもらえたという好子出現の機能があります。別の行動に置き換えるならば「エアコンをつけてもらえませんか？」と言うとかハンカチで汗を拭う、うちわで扇ぐといった行動があるかもしれません。場面2は、そう言った結果、ビールをおごってもらえたという好子出現の機能があります。ビールを飲み干して「おいしいですね！」と言ったり、ドリンクのメニューを眺めたりするといった行動も同じ機能をもつかもしれません。場面3の場合、話し相手からの承認やコメントが返ってくるという好子出現の機能があります。「汗だくです」「太陽がギラギラしていますね」などの表現でも、相手から同じように承認することばが返ってくるかもしれません。場面4の場合、そう言うことでしばらく休憩を許可されたという好子出現の機能があります。あるいは、暑さから逃れられるという嫌子消失の機能も持ち合わせているかもしれません。ダイレクトに「あまりの暑さに熱中症になってしまいそうなので、しばらく休ませてください」と言ったら同じ結果になっているでしょう。

> **エクササイズ**

あなたや周りの人がここ数日のうちにおこなった行動を思い出してください。あるいは今観ているテレビドラマ、読んでいる小説やマンガなどの登場人物の行動を思い出してください。その中で、①行動の形態は似ていてもその機能が異なるもの、②行動の形態は違っていても同じ機能をもつものをいくつか選んで、どのような随伴性があるのかを考えてみましょう。難しい場合は、次のヒントの中からいくつか行動を選んで、あなたの生活の中でこれらの行動がどのような機能をもっているのかを考えてみましょう。

①行動の形態は似ているが機能の異なるもの （それぞれの行動の機能はなに？）	②行動の形態は異なるが同じ機能をもつもの （これらの行動の機能はなに？）

ヒント	ソーシャルネットワークに書き込みをする / 友だちに愚痴を言う / 自分の意見を言う / 走る / 泣く / 叱る / ダジャレを言う / お酒を飲む / カラオケに行く / お菓子を食べる / 本を読む / ゲームをする

ステップ2：予防策を取る、前もって状況を変えておく

　機能分析の情報をもとに、まず、その行動が起こる状況をあらかじめ変えておくことによってその行動が起こらないようにする、いわば予防策を作るという工夫ができます。ある弁別刺激のもとでその行動が起こるのであれば、その弁別刺激を取り除いたり変えたりすることで、その行動を起こりにくくしていきます。あるいは、別の弁別刺激によってより望ましい行動が起こるのであれば、そのような状況を作るようにします。たとえば、先ほどのコウくんの事例では、投げられては困る固いおもちゃや汚れの原因となるクレヨン、破損されてしまう絵本などをコウくんの手の届かないところにしまっておくことで、困った行動を予防することができます。リビングの構造を変えて、お母さんが家事をしている近くでコウくんが遊ぶという環境を作ることもできます。キイちゃんの事例では、そのお気に入りの電車のおもちゃを先生が管理しておき、キイちゃんから要求があったときだけ出してあげる、先生が見ているところでそのおもちゃで遊べるようにするなどの工夫ができるかもしれません。チハルさんの事例では、座席の位置を変える、一時的に小テストをおこなう時間や場所を変える、チハルさんが解く問題の難易度を一時的に下げる、問題を選択肢型に変えるなどの工夫によって困った行動を予防することができるかもしれません。

ステップ3：ダブルの対応で効果アップ
——望ましい行動の分化強化＋困った行動の消去

　前もって状況を調整することによって困った行動が生じるのをある程度予防することができますが、これでは根本的な解決には至りません。なぜなら、それ以外の適応的な行動をまだ学習していないために、その困った行動の生じやすさが残されているからです。

　そこで、次の2つの対応を同時におこなうことで、その困った行動を減らしていくことができます。まず、これまで強化されていたその困った行動に対しては、その強化の随伴性を中断するという消去の手続きによってその行動を減弱していきます。随伴性ダイアグラムを使った行動の機能分析によって、その困った行動がどのような随伴性によって強化されているのかを理解したら、その強化の随伴性を停止する消去の手続きによってその行動をおこなっても、もはや強化されないという消去の随伴性を作り、その行動を弱めていくのです。

　ただし、ここで注意しなくてはならないことがあります。それは、消去に伴ってこれまで以上にその行動が強く生じるという反応のバースト（61ページ参照）が起こる危険性があることです。

　2つ目の対応として、困った行動の消去と同時に、その場面において実行可能なより望ましい行動を決め、その行動を強化していきます。このように、ある行動だけを強化し、それ以外の行動を消去する手続きを**分化強化（differential reinforcement）**といいます。困った行動を消去するだけでは、逆にその状況において他にどのような行動をおこなったらよいのかが不明瞭なままとなってしまいます。困った行動を消去する代わりに、別のより望ましい行動を増やしていくことを平行しておこなうことで、消去の手続きの効果を高めていくことができるのです。消去がもたらす副次的な効果として消去誘発性行動変動がありました。つまり消去に入ると行動の変動性が高まっていくわけですから、その傾向を望ましい行動の形式にうまく利用しようというわけです。

　こうした場面で使われる分化強化には代替行動分化強化、他行動分化強化、対立行動分化強化などがあります。

　代替行動分化強化（differential reinforcement of alternative behaviour: DRA）とは、その困った行動と同じ機能をもつ、その行動の代わりとなる行動を強化していくことで、その困った行動を逆に減らしていこうとする手続きです。

　他行動分化強化（differential reinforcement of other behaviour: DRO）とは、困った行動以外のあらゆる行動を強化していき、結果的にその困った行動を減らしていこうとする手続きです。

　対立行動分化強化（differential reinforcement of incompatible behaviour: DRI）とは、その困った行動とは同時にはおこなえない行動を強化することで、その困った行動を減らしていこうとする手続きです。

先ほど登場したいくつかの事例をとおして、望ましい行動の分化強化と困った行動の消去の過程を概観していきましょう。

　まずはコウくんの事例を思い出してください。コウくんは、お母さんが離れて家事をしているときに、おもちゃを投げたり絵本を破いたりしていました。そうすることで、お母さんがやって来て、コウくんに叱りながらも話しかけたりコウくんと一緒に遊んだりするというという好子出現による強化によってこれらの行動は維持されていました。

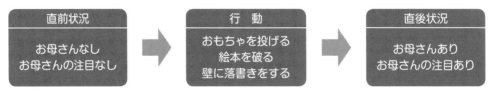

　さて、コウくんのこれらの行動を消去するにはどのような対応をしたらよいでしょうか。次のエクササイズのコーナーで、コウくんのこれらの行動を消去する随伴性を考えてみましょう。

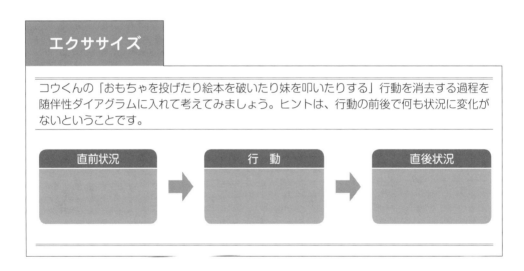

　コウくんのこれらの行動を消去するには、コウくんがいくらおもちゃを投げたり絵本を破いたりしても、その行動にはもはや状況を変えるような効果がないという状況を作ることです。コウくんがこれらの行動をしても、これまでのようにお母さんがやって来て一緒に過ごすという機会はもうないという状況を作ることによって、これらの行動を消去していきます。

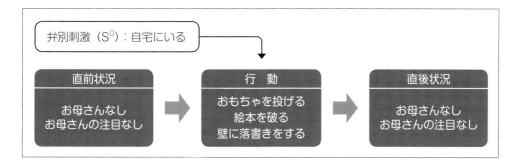

　このような手続きによってコウくんの行動を消去する際には、消去に伴う反応のバーストが一時的に起こる可能性があります。次のエクササイズのコーナーでその可能性を考えてみましょう。

エクササイズ

コウくんの行動を消去する際には、どのような反応のバーストが起こる可能性があるでしょうか。自由に考えてみましょう。

　反応のバーストとして考えられる行動には、次のようなものがあります。コウくんは一時的にたくさんのおもちゃを投げるようになる／絵本をもっと頻繁に破るようになる／妹への攻撃行動ももっと強くなるなどです。
　さて、コウくんのこれらの困った行動を消去するだけでは行動変容としては十分とはいえません。なぜなら、コウくんは他にどのような行動をしたらよいのかをまだ学習していないからです。それに加えて、消去誘発性攻撃行動によって妹に大怪我をさせてしまうといった最悪の事態にも発展してしまう危険性があります。
　そこでコウくんの困った行動を消去しながら、同時に望ましい行動を分化強化によって形成していきます。コウくんの事例では、分化強化の中でも代替行動分化強化によって、困った行動と同じ機能をもつ、より適応的な行動を強化していくことが効果的かもしれません。コウくんの場合は、おもちゃを投げたり妹を叩いたりすることでお母さんが来てくれるという好子出現によってこれらの行動が強化されていました。これらの行動を消去するために、おもちゃを投げたりしても、もはやお母さんは来てくれないという状況を作ると同時に、これらの行動の代わりとなる行動をおこなったときにはお母さんが来てくれるという、困った行動に置き換わる、同じ機能をもつ行動を分化強化していきます。

> **エクササイズ**
>
> コウくんのどのような行動を分化強化していったらよいのかを自由に考えてみましょう。ここにもたった1つだけの正解というものはありません。
> 困った行動と同じように「お母さんが来てくれる」という好子出現の機能をもつような行動にはどのような行動があるのかを考えてみましょう。

　コウくんの困った行動に代替する行動の例として、次のような行動を分化強化できるかもしれません。「ママ」と言う／お母さんの近くへ行って服を引っ張る／お母さんの顔を見る／音の出るおもちゃで遊ぶ／積み木を積む／おもちゃのピアノを鳴らすなどです。

　分化強化する行動は、ここでターゲットとなっている困った行動以外の望ましい行動であればどのような行動でも構わないのです。「ママ」や「来て」とお母さんを呼んだり、自らお母さんの近くまで行ったり、遠くからお母さんの顔を見たりする行動が生じれば、その直後にお母さんが一緒に遊んであげるという好子出現による強化によってこれらの行動を増やしていくことができるのです。これらの行動が生じなくても、1人で音の出るおもちゃを使って遊んだり、積み木を積んだりしているときにお母さんが近づいていってしばらく一緒に遊んであげるという好子出現による対応をすることで、困った行動と同じ機能をもつ別の行動を形成していきます。これが行動の消去と同時におこなう代替行動分化強化の手続きです。

　次にキイちゃんの例で考えてみましょう。キイちゃんは友だちに物を投げたり友だちを叩いたりすることで、お気に入りの電車のおもちゃを手に入れることができるという好子出現による強化によってこれらの行動が維持されていました。

4 生活への応用——応用行動分析学

> **エクササイズ**
>
> キイちゃんの行動を消去するには行動の前後でどのような手続きが必要でしょうか。随伴性ダイアグラムに入れて考えてみましょう。

キイちゃんは物を投げたり友だちを叩いたりすることでお気に入りの電車のおもちゃを手にすることができていたわけですから、この行動を消去するには、物を投げたり友だちを叩いたりしても電車のおもちゃは手に入らないようにします。

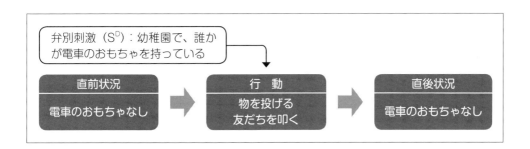

> **エクササイズ**
>
> この消去の手続きによって、キイちゃんにも一時的に反応のバーストが起こる可能性があります。どのような反応のバーストが起こる可能性があるでしょうか。自由に考えてみましょう。

反応のバーストとして考えられる行動には、次のようなものがあります。キイちゃんは以前よりももっと強く友だちを叩く／叩くだけではなく、押したり引っ張ったり引っかいたりする／いろいろな物を手当たり次第友だちに投げつけるなどです。

キイちゃんの場合も同じように、消去の手続きに加えて困った行動以外の行動を分化強化していくことで、消去の効果を高めていくことができます。

> **エクササイズ**
>
> 代替行動分化強化によってキイちゃんのより望ましい行動を分化強化していく場合、どのような行動を強化していけばよいか自由に考えてみましょう。

　キイちゃんの困った行動に代替する行動の例として、次のような行動が考えられます。友だちに「貸して」「ぼくの」と小さい声でもよいので要求を伝える／友だちに手を差し出す／友だちに別のおもちゃを差し出し交換をしてもらう／先生に言いに行く／友だちの肩をトントンと叩く／おもちゃを指さすなどの行動です。

　友だちを叩いたり物を投げたりする行動を消去したり、別のより望ましい行動を分化強化していくとき、近くにいる先生や親などがキイちゃんを含めた子どもたちをサポートしていく必要があります。キイちゃんが友だちを叩きそうになったら、大人が近づき、キイちゃんの手を止めて、「『ぼくの』って言うんだよ」「『貸して』って言ってごらん」とキイちゃんに何をしたらよいのかを教えてあげます。なかなかことばが出なければ、友だちに向かって手を差し出したり、おもちゃを指さしたりする動作を教えてあげます。そして、友だちには「キイちゃんに渡してあげてね」とお願いをします。これらは行動形成（104ページ）で説明したことを思い出すとよいでしょう。

　続いて、チハルさんの事例を考えてみましょう。チハルさんは算数と国語の授業中、小テストや宿題の答え合わせをするときにクラスメイトを叩いたり、椅子を蹴ったり、物を投げたり、ノートを破ったりしていました。これらの行動は、教室から出され、結果的に小テストや宿題の答え合わせから逃れることができるという嫌子消失による強化によって維持されていました。

　チハルさんのこの行動に対応していく場合、いくつかのプランや選択肢があります。チハルさん本人や家族、先生との話し合いの中で、何ができるか、どうすることがよりよいのかなどを決めていきます。

　選択肢の1つに、消去と代替行動分化強化を組み合わせておこなう方法があります。それによって、チハルさんの困った行動を減弱していきます。ただし、この方法では困った行動が減るだけであって、教室内でより適切に過ごす行動を形成していくことはできません。そこで、他行動分化強化や対立行動分化強化によって困った行動以外の望ましい行動を獲得していくことが必要です。

まずは消去と代替行動分化強化の過程を考えてみましょう。

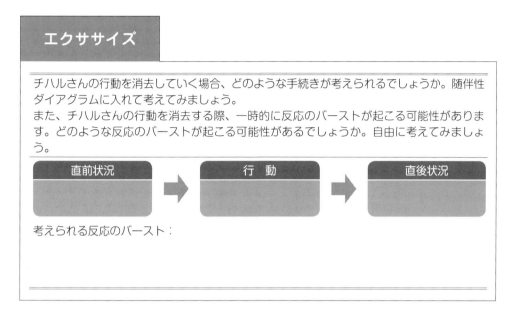

チハルさんのこれらの行動は小テストや宿題の答え合わせをしなくて済むという嫌子消失による強化によって維持されていたわけですから、この行動を消去するにはいくら叩いたり物を投げたりする行動をしても、小テストや宿題の答え合わせをしなくてはならないという状況を作ることです。この消去の手続きによってチハルさんの行動を減弱していくわけです。

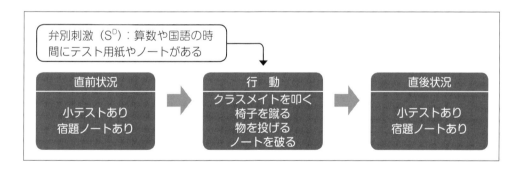

チハルさんのこれらの行動を消去していく際、一時的に次のような反応のバーストが起こる可能性があります。もっとたくさんの物を投げたり、椅子だけではなく机を蹴ったりする／大声で怒鳴りながら誰かを攻撃するようになる／教室を飛び出してしまうなどです。この例では、チハルさんの嫌いなものがずっとそこにあるという状況を作るわけですから、その可能性はより高いと考えられます。

他行動分化強化や対立行動分化強化によって困った行動以外の望ましい行動を獲得することが必要です。

エクササイズ

まず、代替行動分化強化によって、チハルさんのどのような行動を強化していったらよいか自由に考えてみましょう。考える際のポイントは困った行動と同じ機能（嫌子消失の随伴性）をもつ別の行動を形成することです。

　クラスメイトを叩いたり椅子を蹴ったりする行動と同じ機能をもつ行動で、それに代替するより望ましい行動には次のような行動が考えられます。「テストはイヤです」と言う／「休憩したい」と言う／テスト用紙やノートを先生に手渡す／「保健室に行ってきていいですか」と尋ねる／休憩カードを先生に手渡すなどです。

　さてチハルさんの場合、消去と代替行動分化強化によってクラスメイトを叩いたり椅子を蹴ったりノートを破いたりする行動が徐々に減っていくとの並行して、他行動分化強化や対立行動分化強化によって教室内でおこなうことが望ましい行動を形成していきます。

　困った行動とは同時にはおこなえない、両立しない行動を強化することを対立行動分化強化といいました。椅子に座り鉛筆を持ってテスト用紙に名前を書く、小テストの問題を解く、宿題の答え合わせに参加するなどの行動を形成していきます。これらの行動は、クラスメイトを叩くとか椅子を蹴る、物を投げるといった行動とは同時にはおこなえない行動です。

エクササイズ

チハルさんの場合、困った行動とは両立しえない対立行動の中でも、教室内で期待されている行動にはどのようなものがあるか考えてみましょう。ここにも答えはありません。自由に考えてみましょう。

　教室内でおこなうことが期待されている行動で、困った行動とは両立し得ない行動には次のような行動があります。着席をしてテストを受けずに好きな本を読む／鉛筆を持ってテスト用紙に名前を書いたら先生に提出をする／知っている答えだけを書く／先生に「わかりません」「教えてください」と質問をする／答えを教科書で調べてテスト用紙に

記入するなどです。

　こういった分化強化をおこなっていくときにも、ステップ2で学習をした予防策が欠かせません。小テストや宿題の答え合わせの時間には、あらかじめチハルさんがクラスメイトを叩いたり椅子を蹴ったりしにくい場所に席を移動させておいたり、投げられては困るものを近くには置いておかないなどの環境を作るようにします。チハルさんにはあらかじめ「『休憩をしたい』と言ったら教室を出て行くことができる」などのルールを伝えたり、テストの時間に着席して読んでおくための本をあらかじめ選んでおいてもらうといった工夫も効果的かもしれません。小テストに臨む行動を形成していくときにも、最初からすべての問題に取り組むのではなく、「薄く書かれた答えを鉛筆でなぞる」「選択肢から答えを選ぶ」「1問解いたら提出する」といった行動を形成し、徐々に問題の量や難易度を上げていくようにします。

　なお、こうした望ましい行動をチハルさんが行動のレパートリーにもっていない場合は、教室だけでなく自宅や個別の指導場面など別の場所でシェイピングすることが有効な場合があります。

　これまでみてきたように、ターゲットとなる行動や介入方法に複数の選択肢があることはチハルさんの例に限ったことではありません。応用行動分析学による支援においては、ターゲットとなる行動が何であるのか、何がその個人にとって強化子（好子や嫌子）であるのか、協力してもらえる人や場所、使える支援ツールにはどのようなものがあるのかなどもアセスメント（査定）して、介入から解決までの道筋をケースフォーミュレーションすることが重要となります。

　またこういった応用行動分析学によるケースフォーミュレーションは、初回の一度きりのものではありません。アセスメントから介入方法の立案、介入の実行、そしてその介入方法が適切なものであったのかを評価して、それに基づいた改善をおこないます。つまり、必要に応じてこのような **PDCA（plan → do → check → act: 計画→実行→評価→改善）** を繰り返しながら、より望ましい結果が得られるようにしていくことが大切です。

　また、決して忘れてはならないのは、介入計画を立てたり支援を実行したりする側のこういった行動も、相手の行動の変化によって強化されたり弱化されたり消去されたりしていることです。行動分析学に対するよくある誤解として、一方が他方を操っているというものがありますが、こうした応用行動分析学による介入も、日常的な場面と同様に、相互に制御されているのです。

　ここまでの学習をとおして、次にリオさんの研究グループの事例をみなさんそれぞれで考えてみましょう。研究グループの1名の困った行動に対してどのような対応をすることができるでしょうか。別のより望ましい行動にはどのような行動があり、それらの行動をどのような方法によって形成していくことができるでしょうか。ここにもただ1つの正解というものはありませんから、みなさんそれぞれにいろいろな方法を考えてみてください。

ステップ４：できるだけ使うことを避けたい方法──弱化

　強化されていた行動が減っていく原理には消去の他にもう１つ、弱化がありました。基本的な弱化には次の２つのパターンがありました。嫌子出現による弱化と好子消失による弱化です。私たちの生活の中でも、弱化による行動変容の例がいくつもあります。

　高速道路を法定速度を超えたスピードで走っていました。途中でパトカーのサイレンの音が聞こえてバックミラーを見たら、なんとすぐ後ろに覆面パトカーがいるではありませんか。あれよあれよという間に車を脇に寄せられ、違反切符を切られ、高い罰金を払うことになりました。それ以後、しばらくの間はどこに出かけるときにもスピードを抑えて車を運転するようになりました。ところが数ヵ月経って、また法定速度を超えたスピードで運転をするようになりました。

　ラグビーの試合では、選手が危険なプレーをする（たとえば相手選手の肩から上を狙ってタックルをする）と、即刻10分間シンビンに入れられて試合に出る権利を剥奪されます。試合で危険なプレーが続出してしまっては大変ですから、こういった行動を抑制させるために、このような厳しいルールを設けているのです。

　他にも次のような例があります。この原稿を書いている現在、筆者はイギリスで生活をしています。イギリスにはみなさんもご存じの「ダブルデッカー」と呼ばれる２階建ての路線バスがロンドン以外の街でもあちこちで走っています。中学生や高校生の帰宅時間になるとある地方の路線バスは生徒たちで一杯になります。どんなに混んでいてもバスの２階では必ず座席に座らなくてはならないというルールがあります。立っていると危険だからです。ところが生徒たちの何人かは２階でも立って大声で騒いでいます。バスの運転士は初めのうちはマイクを使って運転をしながら２階の生徒たちに座席に座るよう何度も注意をします。それでも何人かはまだ立って騒ぎ続けるので、運転士はわざわざバスを停車させて２階までやって来て大声で注意をします。すると生徒たちはとたんに静かになり座席に座ります。ところがバスが再び動き始めてしばらくすると生徒たちの何人かはまた立って大声で騒ぎ始めます。運転士はまたバスを停めて２階へやってきて、今度はもっと大きな声で生徒たちを叱ります。こういったイタチごっこが夕方の時間にバスの中で繰り広げられています。

　困った行動を減らそうとするときにこのような弱化による対応をすることは日常的によくおこなわれています。違反切符を切ったり罰金を科したりしてスピード違反や駐車違反を減らそうという取り組みは好子消失による弱化の随伴性によるものです。試合において危険なプレーをしたらその試合に出る権利を剥奪されるのも同じです。一方で、バスの中のマナーを守らない生徒たちを厳しく叱っておとなしくさせようとするのは嫌子出現による弱化の随伴性によるものです。学校や大学の教室でも同じように生徒や学生が騒がしければ、教員は叱責をしたり厳しいことばをかけたりして、彼らの行動を弱化しようとします。また、体罰によって行動をコントロールするのも、嫌子出現による弱化を使おうとしていることになります。

弱化にはこのように一時的にではあっても、その行動を減らす効果があります。その一方で、その弱化の手続きを中断すると、再びその行動が生じることが多く、抑制効果が十分に持続しません。これを復帰といいました。つまり、その行動が生じているわけですから、何らかの強化が働いて、反応は維持されてしまいます。

困った行動が再び生じるようになってしまうので、弱化を使う側は今度はさらに強くその行動を押さえようとします。イギリスの2階建てバスの例のように、最初は注意する程度だった運転士の行動が次第にエスカレートしていってしまうといった例は他にもたくさんあります。授業の中で、何度も生徒や学生たちを叱責したり注意したりする先生が多いのもこのためですし、いたずらをする子どもを何度も叱ってしまう親の行動も同じです。体罰を使う人も最初からそうした体罰をおこなっていたのではなく、別の手段からそれがエスカレートしていったのかもしれません。また、幼児虐待も近年の大きな問題ですが、親が子どもの行動をうまくコントロールする方法を知らないまま、一時的な効果が得られる弱化を使い、それが徐々にエスカレートしてしまったのかもしれません。

弱化がもたらす副次的な側面を随伴性ダイアグラムでみてみましょう。

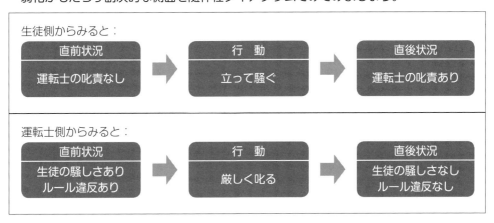

生徒たちが立って騒ぐ行動は運転士の叱責によって一時的に減ります（嫌子出現による弱化）。ところが運転士がいなくなったり、しばらく叱責しない時間が続いたりすると再び生徒たちは立って騒ぎ始めます。騒ぐ行動が復帰するのです。

運転士の側からみると、生徒たちが立って騒ぐ状況というのは運転士にとって嫌子です。叱ることでこの嫌子が一時的に消失しますので、運転士の叱責行動は嫌子消失の随伴性によって強化されます。ところが、叱責をやめると再び生徒たちは騒ぎ始めます。そこで再び運転士は生徒たちを叱責します。このようにして負の連鎖は続くのです。

弱化にはこの他にも次にまとめたようないくつかの副次的かつネガティブな側面があります（吉野，2015）。以下に示したような理由から、困った行動へ対応をするときには、弱化ではなく、消去によってそれらの行動を減らし、それに代替するような望ましい行動を分化強化していくようにしたいのです。

弱化がもつ副次的側面
①弱化を受ける側に望ましくない情動状態を引き起こす危険性がある
　弱化を受けた側は、大声で叱られたり叩かれたりすることで、相手に対して恐怖を感じたり、自分自身がダメな存在だと思ったりするなど、望ましくない情動状態を引き起こすことがあります。
②社会的な混乱を引き起こす危険性がある
　弱化を受けた側は、それを受けた場所や場面、弱化を使う相手などを避けたり、それに関連するものごとや類似したものごとを避けたりするといった場面回避の行動を示すようになります。弱化を使うことによって社会生活を円滑に送ることを阻んでしまうネガティブな側面があります。これは83ページで述べた受動回避です。
③弱化を使用することが社会的に強化される危険性がある
　弱化によって一時的ではあるにせよその行動が減ります。弱化を使う側は、困った行動をコントロールする能力をもっていると社会的に評価されてしまうため、これが弱化を使う側の好子となって弱化する行動がますます強化されてしまいます。誤解をおそれずに言えば、体罰を使ってしまう教師の中には、問題行動を起こしやすい生徒をコントロールしてくれる頼りになる先生という評価を周囲から受けていることがあるかもしれません。
④弱化の効果は一時的なものであり長持ちしない
　弱化の効果は一時的であり、弱化の手続きをやめると再び弱めたい行動が生じる（復帰する）ようになってしまいます。
⑤何をしたらよいのか・何をしたら望ましいのかが不明瞭である
　弱化によって行動を減らしていくだけでは、その代わりに何をしたらいいのか、何が望ましい行動なのかを教えたことにはならないため、行動変容としては効果的ではありません。
⑥乱用される恐れがある
　弱化は一時的に行動を抑制する効果があるため、弱化を使用する側の行動が強化されて乱用される恐れがあります。これは虐待やドメスティックバイオレンスなどの行動がなぜエスカレートしていくのかを説明するものでもあります。
⑦応用場面での効果が不明確である
　弱化は確かに行動を抑制する効果があることが実験で確認されていますが、それがどの程度効果的なのかを応用場面で確認することができません。これは倫理的な面からも確認することができません。

弱化ではなく予防的、教育的対応を
　弱化にはこういった副次的かつネガティブな側面があり、長期的な視点でみれば困った行動を減らしていくことができません。困った行動に対する対処方法は必要であっても、根本的な問題として教える側が望ましい行動をどのように教えるか、困った行動がそもそも起こらないような予防的、教育的な環境作りをしていくことが大切だといわれています

（平澤，2015）。

大久保（2015）は、行動分析学に基づいた学校教育場面での予防的、教育的プログラムをまとめています。いじめ、暴力、授業妨害、反社会的な行動、課題に従事しない行動など、学校社会で問題となるさまざまな行動に対して、学校全体から個人レベルまで、行動分析学によるさまざまな予防的、教育的対応による効果を紹介しています。それらは、いずれも、環境をあらかじめ調整しつつ、困った行動ではなく、望ましい行動が好子出現による強化を一貫して受けられるような教育環境を提供するというものです。

こういった予防的、教育的対応は、学校場面に限ったことではなく、家庭や職場、もっと広くは地域社会においても応用していきたいものです。

最終的な方法として

それでもどうしても弱化を使わなくてはならない場面があります。もうすでに問題が起こってしまっていて、いくら環境を調整したり、消去や分化強化によって対応をしたりしてもそれらがうまくいかないときです。すべての手を尽くしてもどうしてもうまくいかないときに限って行動分析学の専門家の指導のもと、次のような弱化の手続きによって行動を抑制していきます。その際も、ステップ1からステップ3で解説をしてきたように、予防的対応や望ましい行動の積極的な形成をしていかなくてはならないのは言うまでもありません。専門家が行動分析学の考えに基づいて介入の手段を選択する際には、倫理規程が定められており、それを遵守することが求められています（ベイリー・バーチ，2015）。

①レスポンスコスト

好子消失による弱化を応用した方法に、困った行動をおこなった直後にその人がもっている好子の一部を取り除くことでその行動を抑制する方法があります。これを**レスポンスコスト（response cost）**といいます。その人の反応に対して、一定の対価（cost）を払うというものです。駐車違反やスピード違反の罰金はまさしくこのレスポンスコストの好例です。

たとえば、家庭内で暴力を振るう子どもへの対応として次のような方法を取ることがあります。好子出現による強化であるトークンエコノミー法を使って、子どもが靴を揃えたら1ポイント、朝1人で起きることができたら2ポイント、宿題をその日のうちに終わらせたら3ポイント、全部で20ポイント貯まったらバックアップ好子と交換するというルールを設け、実際にこれに沿って増やしていきたい行動を強化していきます。それと同時にきょうだいに暴力を振るったら3ポイント減点、ノートやプリントを破り捨てたら2ポイント減点というようにターゲットとなる困った行動に対しても好子消失による弱化の随伴性を設けて、これらの行動を抑制していきます。これがレスポンスコストと呼ばれる方法です。

②**タイムアウト**

　もうひとつ、好子消失による弱化を応用した方法に**タイムアウト（time out）**があります。先ほどラグビー選手が試合中に危険なプレーをしたら10分間の退場を命じられるという例を出しましたが、これはタイムアウトと呼ばれる好子消失による弱化の方法です。タイムアウトとは正式には**好子に触れる機会からのタイムアウト**といいます。選手が試合に出ることは彼らにとっては大きな好子です。危険なプレーをすることで試合に出る機会という好子を一定時間剥奪されるわけです。

③**オーバーコレクション（過剰修正法）**

　嫌子出現による弱化を応用した方法に**オーバーコレクション（過剰修正法 over correction）**があります。減らしたい行動をおこなった直後にその行動によって生じてしまった状態を修正し、現状復帰させるなど、適切な行動を積極的におこなってその減らしたい行動を弱化していくというものです。暴力を振るったことによって散らかったり壊れたりしてしまった物を回収や修理し、さらにその現場をいつも以上にきれいに掃除するなど、相当な努力を伴う行動を積極的におこなうという面倒な手続きを取ることで、その行動を弱化していきます。「そんな面倒なことをするくらいなら暴力なんて振るわない方がよい」というような経験によって行動を弱めていこうとする方法です。

行動分析学の日常行動への適用

　経験によって生じる私たちの行動や認知の変化を学習と呼び、その基礎過程にはパヴロフ型条件づけとオペラント条件づけの2つの学習過程があることを学んできました。ここでは、日常で出会う問題を3つ取り上げてどのように適用するかについて紹介します。

①ダイエットや運動の継続

　なかなか達成されない目標や課題の代表選手にダイエットや減量、肥満の解消を挙げる人は多いのではないでしょうか。身体に取り込む摂取カロリーを減らして、運動などによって消費するカロリーを高くすることによって、ダイエットを成功に導くことができます。「そんなことはわかっているが、なかなかできない」「三日坊主で継続することができない」と言う声が聞こえてきそうです。なぜダイエットが成功しないのでしょうか。「自分は意志が弱いから」「根気がないから」といった説明で片づけてしまうことがもはや無意味であることはすでに学習してきました。

　ダイエットが成功しないのは、簡単に言ってしまえば、それが長い道のりの結果だからなのです。これまで学習してきたように、私たちの行動というものは、その直後に好子が出現したり、嫌子が消失したりする経験を何度も繰り返すことで、やがてその行動が強化されていきます。行動の直後に状況の変化がなければ、その行動は強化されることはありません。

　さて、ダイエットの話に戻して、ジョギングなどの有酸素運動をおこなった直後にどのような状況の変化があるでしょうか。大好きな甘いケーキを1日我慢したからといって、その直後にどのような変化があるでしょうか。運動をしてたくさん汗をかき、すっきりした気分になるといった結果はあっても、体重が数kgも減るとかお腹周りが何cmも細くなるといった結果はすぐには得られません。1回運動をしたからといって、あるいはケーキを我慢したからといって、その直後に何らかの結果が生じるわけではないのです。

　それよりもむしろ、身体が疲れるとか足が痛くなるといったネガティブな結果が生じて運動が継続されなくなってしまう可能性の方が高いのです。あるいは、高カロリーな食事を我慢するなどの食事制限によって、他人の見ていないところで短時間に多量の食べ物を摂取してしまうといった副次的な問題が起こる可能性もあるのです（藤田・長谷川, 2003）。

　このようにダイエットが成功しないのは、体重が減るとかスリムな身体になるといった結果は長い道のりの末に待ち受けており、すぐには得られないというところに理由の1つがあるのです。そこで、ダイエットを成功させるには、すぐには得られない結果とは別の結果を行動の直後にもたらすことが有効です。

　このような観点に立った従来の減量の方法には、次のようなものがあります。定期的に体重を測定して記録するモニタリング法や、その情報を第3者と共有して社会的なフィー

ドバックを得る方法、第3者と取り決めをし、体重の減少に合わせて好子が出現したり、逆に体重の増加に伴って好子が消失したりするといった契約を結ぶ**行動契約**などです。

　ところが、体重を指標とした方法では、体重測定の直前に下剤や利尿剤を利用してしまうといった健康に悪影響をもたらす側面も指摘されています（Mann, 1972）。それに加えて、随伴性契約が終了すると、減量が維持されずに体重が増加するといった問題も指摘されています（Harris & Bruner, 1971）。

　こういった問題が生じる理由として、これまでの方法では体重の増減を指標とした随伴性が設定されているだけで、そもそも減量に必要な行動レパートリーをターゲットにはせず、よってこれらの行動を強化するようなサポートがおこなわれていなかったことが挙げられています（Abramson, 1977; 望月・瀬戸・泉谷・佐藤, 1992）。

　望月・瀬戸・泉谷・佐藤（1992）や藤田・長谷川（2003）は、減量に必要な行動を定義し、これらの行動を強化していくことで、結果的に減量がおこなわれることを報告しています。減量に必要な行動とは、適度な運動をすること、食事内容を具体的に決めてそれを守って食事をすること、低カロリーな食事をすることなどです。これらの行動の実行の有無やその内容を毎日記録したり、その記録をもとに第3者から社会的なフィードバックを得たり、第3者との取り決めによって行動の実行に合わせて好子が出現したり消失したりするといった随伴性契約などによって、減量に必要な行動を形成していくのです。その具体例を次の事例でみてみましょう。

　マサコさんはこの5年間に体重が10kgも増えてしまいました。今年の健康診断では、医師に皮下脂肪が多すぎることなどを指摘され、定期的な運動をおこない体重を減らしていくことを勧められました。マサコさんは近所のスポーツクラブに入会をして、早速運動を始めました。入会して最初の4日間は毎日通って運動をしました。5日目に体重を量ったところ、入会前より1kg増えており、「せっかく頑張ったのに……」と落胆してしまいました。週末を挟んだ次の週からはスポーツクラブに通うことも億劫になり、3週目にはとうとう1回も運動をしなくなってしまいました。

　しばらくしてスポーツクラブから「3ヵ月間のダイエット応援キャンペーン」のハガキが届きました。これは、専属のスポーツトレーナーと一緒に日々の食事や運動のメニューを決め、これらを毎日記録用紙に書き留めて、その内容をトレーナーがチェックしていくというものです。それに合わせて、週に1回は体重や健康状態などの確認もおこなうというものです。マサコさんは早速このプログラムに参加することにしました。

　マサコさんはスポーツクラブに出向き、効果的な運動方法や食事のメニューの組み方などについて専属のトレーナーと話し合いをしました。とても明るく親しみやすいトレーナーで、マサコさんはこれからの3ヵ月間がとても楽しみになってきました。マサコさんは、毎日の運動内容や運動時間、毎回の食事内容と摂取カロリーを記録用紙に記録することになりました。そしてスポーツクラブへ行く度に、その記録用紙を持参し、専属トレーナーにチェックをしてもらうことになりました。

　実際、スポーツクラブへ行くと、専属トレーナーが「今日もがんばりましょうね」と笑

顔で声をかけてくれました。そして、マサコさんの記録用紙に目をとおし、「いい調子ですね」「食事の内容もバランスがよく、間食も低カロリーに抑えられていますね」などとマサコさんが喜ぶようなコメントをしました。マサコさんもこのトレーナーに励まされるのが嬉しくなり、定期的に運動をすることができるようになってきました。最近は週に4日から5日通っています。2ヵ月経った現在では、ダイエットプログラム開始前に比べて体重が4kgも減り、ウエストが5cmも細くなりました。

②偏食を克服して学校給食を食べる

　家庭や学校などで子どもたちが示すさまざまな行動に対しても行動分析学が応用されています。その1つである「偏食」は筆者らが臨床活動をおこなっている中で比較的相談の多い困った行動です。

　小学2年生のタロウくんは食べ物の好き嫌いがあり、家ではパンとお菓子しか食べません。たまにコロッケなどを口に入れても、何回か咀嚼をしてからすぐに出してしまい、飲み込むことをしません。小学校の給食では最初のうち、パンの日だけは半分ほどパンを食べていましたが、それ以外の物にはまったく手をつけません。最近ではとうとうパンさえもあまり食べなくなり、給食をすべて残すことも多くなりました。病院で食物アレルギーがあるかどうか調べてもらったところ、特にアレルギーがあるわけではないようです。夕方帰宅すると、タロウくんは一目散にキッチンに向かっていって、お母さんにおやつをねだります。お母さんは、タロウくんはお腹が空いているだろうからとスナック菓子とジュースを出してあげ、続いて食パンも1枚焼いてあげます。それがほとんど毎日続いているのです。タロウくんはおやつでお腹がいっぱいになり、当然ながら夕飯を食べることができません。お母さんが「これだけ食べて」と言って、小さく切った肉や野菜を2、3個お皿に乗せてもタロウくんは首を振って食べません。夕飯に1時間ほど時間をかけてもほとんど食べません。翌朝はまたお腹が空いているのか、チョコレートパンを2個も食べて学校へ行きます。

　実のところ、お母さんはこの悪循環に気づいており、タロウくんにもっといろいろな食べ物を食べてもらいたいと思っています。家族や相談先の心理士と話し合い、家と学校給食の両方でいろいろな食材を食べる練習をすることになりました。

　最初に、タロウくんが好んで食べるものと、お母さんが食べてほしいと思っているものを次のようなリストにしました。食べるようになってほしい物は山のようにありますが、まずはタロウくんがかつて食べることのできていた食材の中から目標を決めることにしました。

タロウくんに食べてほしい食べ物一覧	タロウくんの好みの食べ物一覧
ご飯：小さい茶わん 0.5 杯	ポテトチップス
コンソメスープ：カップ 0.5 杯	チョコレートパン
ジャガイモなどの温野菜：2 切れ	クリームパン
ハンバーグ：小サイズ 0.5 個	チョコレート
ソーセージ：1 本	アイスクリーム
スクランブルエッグ：0.5 個	プリン
カレーライス：小皿 0.5 杯	果物ゼリー
温かいうどん：1/3 玉	オレンジジュース
チーズのサンドウィッチ：1 個	炭酸ジュース

　続いて、タロウくんが給食を食べずに帰宅をしても、お母さんはタロウくんにおやつを一切出さないことにしました。タロウくんがどれだけ泣いたり地団駄を踏んだりしてお菓子をねだっても、お母さんは「夕飯まで待ってね」ときっぱりと断るようにしました。その分、いつもより 40 分ほど夕ご飯の時間を早めることにしました。

　夕飯には、上の左側のリストからタロウくんとお母さんが 1 つずつメニューを選び、まずは 2 品食べることにしました。制限時間も設け、15 分以内に食べきることにしました。時間内に 2 品食べきったら右側のリストの中からタロウくんに「食後のデザート」を 1 つ選んでもらうことにしました。ただし、2 品食べきることができなかったときはそのデザートを食べることはできません。

　最初の 2 日間はタロウくんもお母さんも悪戦苦闘をしました。ソーセージを口に入れてもいつまでも咀嚼を続けて飲み込むことができません。そうするうちに 15 分が経ち、お腹が空いている上に、2 品食べきらないと大好きなデザートももらえないという経験をして、ようやく 3 日目から 2 品食べきることができるようになりました。2 週間でタロウくんは左側のリストのうち 3 つのメニューを食べることができるようになりました。そればかりか、お母さんが決めた量よりも多く食べるようになりました。次の 1 週間では、さらに 2 つのメニューを食べきることができるようになったので、4 週目からはお母さんとタロウくんそれぞれが 2 品選び、合計 4 品の夕飯を食べきることに挑戦しました。

　学校に行く朝には、これまでと同じようにチョコレートパンを食べることにしましたが、量を減らして 1 個だけ食べるようにしました。毎朝、その日の給食のメニューを確認して、その中からお母さんとタロウくんそれぞれが 1 品ずつ合計 2 品のメニューと目標の量を決めて、それを連絡帳に書いて担任の先生に伝えるようにしました。給食の時間には、担任の先生がタロウくんの食べきることのできる量に給食の量を減らし、タロウくんが食べきったところで、「食べきったね。かっこいいです」と声をかけてタロウくんの連絡帳に OK サインを書いてあげました。帰宅したらタロウくんは連絡帳をお母さんに見せて、夕食後に食べることのできるタロウくんの好きなお菓子 1 個と交換するようにしました。チャレンジする給食のメニューや量も徐々に増やしていって、4 週目くらいからは茶碗 1 杯の白米や味噌汁なども食べきることができるようになってきました。

タロウくんの目標行動がどのような随伴性によって形成されていったのでしょうか。目標行動を随伴性ダイアグラムに入れてみましょう。この行動を形成するためにお母さんや担任の先生はどのような工夫をしていったのかもみてみましょう。

タロウくんの目標行動は次のようなものでした。お母さんと決めた夕飯のメニューを15分の間に完食する。学校の給食でも最初に決めたメニューと量を食べきる。

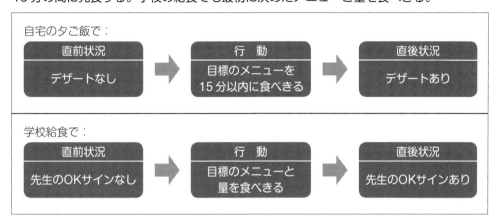

お母さんや担任の先生は、タロウくんがご飯を食べる行動を形成するために、次のような工夫をしました。お腹を空かせて帰宅をしておやつを食べてしまうことでまた夕飯が食べられなくなるという悪循環を止めるために、お母さんはタロウくんがどれほどお菓子をねだっても夕飯まではなにも食べさせないようにしました。お母さんは、夕飯まで空腹状態を作り、お菓子以外の食べ物もタロウくんにとって好子となるような確立操作をおこなっていたわけです。

給食を完食するというのはハードルの高いものです。お母さんや担任の先生は、お皿に盛りつける量を減らし、かつ時間制限を設けて、完食したときにだけよいことがあるという状況を作ることで、目標の量を食べきる行動を形成していきました。そして、徐々にその量やメニューをスモールステップで増やしていくという工夫によって偏食を克服していったのです。

③恐怖を克服する

無条件刺激と中性刺激の対呈示を経験することによって、これまでは特別な反応を示さなかった状況でも強く不安反応や恐怖反応を示すようになることがあります。そして、それによって日常生活を円滑に送ることが難しくなることがあります。

会社員のヒトミさんは高速道路を運転中に目前の車同士が衝突する事故に巻き込まれてしまいました。ヒトミさん自身は打ち身と打撲を負ったものの大怪我には至りませんでしたが、そのときに受けた事故の光景が2ヵ月後の今も鮮明によみがえります。車のクラクションや急ブレーキの音が聞こえたら、身体が硬直して呼吸が荒くなります。救急車のサイレンの音を聞いても同じで、自分の身体が反応しているのかよくわかります。テレビや新聞で似たような事故現場の様子を見ると何となく不安がわき上がってくるような感じ

がして、最近では楽しみの1つであった刑事ドラマを観ることもできなくなりました。事故以来、車の運転席に座ると足が震えて運転が困難なため、運転をしなくなってしまいました。しばらくの間、外出にはバスや電車を使っていましたが、電車やバスの中で揺れや急ブレーキを体験すると、再び身体が震えて、次の駅で降りてしまうようになりました。そうするうちに外出することもできなくなり、最近は仕事を休んで家で過ごすようになってしまいました。

　ヒトミさんは家族とともに病院を受診することになりました。担当の医師や心理士と十分な話し合いの時間をもち、事故以来、自分がなぜ今のような状態になってしまったのか、どのような方法によって今の状態を克服することができるのかについて次第に理解することができるようになりました。そして、少しずつまた以前のような生活を送ることができるようになりたい、仕事に復帰したいという希望を新たにしました。

　心理士との話し合いでは、ヒトミさんがどのような刺激に対してどの程度反応をしてしまうのかを調べ、以下のような表を作りました。これを不安階層表といいます。

刺激の強さ	刺激	実施日・時間	刺激の変化
100	高速道路で車の運転をする		
95	一般道路で車の運転をする		
90	路線バスに30分間乗る		
80	電車に30分間乗る		
75	自転車で公道を走る		
60	車の運転席でエンジンをかける		
50	車の運転席に座る		
45	助手席に座って家族の運転につきあう		
40	外出先でサイレンの音を聞く		
30	テレビで事故関連のニュースを観る		
25	テレビで刑事ドラマを観る		
15	室中でサイレンの音を聞く		

　心理士との2回目の面談では、リラックスした状態を作り、比較的刺激の弱い「室内でサイレンの音を聞くこと」を最初の刺激として選び、この刺激に対して十分な消去（パヴロフ型条件づけの消去）が生じるまでサイレンの音を聞き続けるようにしました。心理士がサイレンの音を録音したテープを再生し、ヒトミさんに適宜不安や恐怖のレベルを確認しました。最初は不安や恐怖のレベルが10点満点のうち6から8で、ヒトミさんは手に汗を握るような状態だったのに対して、サイレンの音をさらに30分ほど聞き続けると5から2へと徐々に下がっていくことが確認できました。面談の最後にはサイレンの音を聞きながらも心理士と好きな映画の話をすることができるようになりました。

　それ以後の面談でも、救急車のサイレンが飛び交うようなテレビドラマの場面をいくつか用意して、不安や恐怖が徐々に下がっていくまでそれを見続ける練習をしました。ヒト

ミさんはホームワークとして同じような練習を日常生活でもおこなうことになりました。ドラマやニュースの中でサイレンの音が鳴るような現場が映ってもテレビを消すといった行動をとるのではなく、あえて見続けて不安や恐怖が下がっていくことを経験するようにしました。家族が運転する車の助手席に座って十分に不安や恐怖が下がるまでドライブを続けるという練習もするようになりました。

　このような経験を経て、3週間後には自転車に乗ってスーパーまで買い物に行ったり、家族と電車に乗って会社の近くまで往復したりすることができるようになりました。このような練習を日々続けながら、2ヵ月後にはようやく1人で電車に乗って通勤することができるようになりました。車の運転はまだ怖いために、家族や友人につきあってもらいながら週末に比較的交通量の少ない道で運転の練習をしています。

あとがき

　私は procrastinator である。と書きながら、この単語を知ったのはごく最近のことである。Richard Malott のウェッブページで I'll Stop Procrastinating When I Get Around to It という本（Malott, 2012）を見つけたのがちょうどこの本を具体的に構想し始めた頃だった。

　これまでさまざまな大学で学習心理学、あるいは行動分析学の講義を担当してきたが、学生に伝わったと満足できたことは数少ない。典型的なパヴロフのイヌ、スキナーボックスのラットやハトの話をすると、パヴロフ型条件づけは犬の話でオペラント条件づけはネズミやハトの話ですよねと誤解する学生がいた。それではと、若干の誤りを含みながら、パヴロフ型条件づけについて、ごくふつうの見た目の A くんがドキドキするようなことをしていて、それを何度も見るうちに A くんを見ただけでドキドキするようになるという話をしてみると、パヴロフ型条件づけは誰かが誰かのことを好きになることですよねという、笑い話のような誤解も耳にした。

　この本で採用したワークの一部は、そうした試行錯誤の中で学生に課題としてあるいは宿題として課してきたものである。若干の手応えを感じていた私はこれらを発展させて本というかワークブックを書いてもいいなと思っていた。例によっての procrastinator で、2015 年夏からの在学研究に同行した智富美が業を煮やしたのか、書き始めて、あれよあれよという間に形になってしまった。「なってしまった」というのは、トピックを細かく設定した上で全体の構成を詰めてからという procrastinator なりの意図があったためなのだが、さてその本領が発揮されていたとしたら、このあとがきを書いている 2016 年 8 月に、形になっていたかどうかはきわめて怪しい。

　ところで、行動分析学は私には限りなく魅力的な学問であり人間観である。臨床をしたいと考えていた学部時代の私は、諸先生、諸先輩の導きによってラットを使ったオペラント条件づけの道をまず選んだ。文字通りの正の強化を受け続けて学位取得に至ったのはそれから 10 年以上経ってからだった。その短くはない時間と活動を通じて、行動分析学のさまざまな視点、そしてそれを支える徹底的行動主義の視点が他の多くのアプローチと比ぶべくもなく私には心地よいと感じられるようになっていったのである。

　多くの人にとって行動分析学はとっつきにくい学問である。ことばは意味がわからないし、自由意志はないとか言っているし、人間が誰かを操っているみたいに見えるし、今までわかっていると思っていたさまざまなことにきちんとした説明を求められて何が何だかわからないし、漸次接近法だとかスモールステップとか言いながら用語は最初から意味不明のままで覚えろと言われるし、行動随伴性は正だとか負だとかなんだかややこしいし、なるほど行動の文法とは言い得て妙であるほど無味乾燥に見えるし etc.。

　けれども、Rachlin（1980）は "To scientists, a scientific treatise may be as beautiful as ballet" と言い、私の敬愛する Lattal（1992）が "As Mozart's ideas indelibly changed the world of music, so have Skinner's ideas affected psychology"と語る行動の科学としての行動分析学の魅力は、理解が進んでいくと実に豊かな世界観・人間観を提供してくれるだけでなく、自分を含む行動の理解と制御を身近なものにしてくれる。

　そんな行動分析学の入り口から日常の行動の説明までを、ラットもイヌもほとんど登場させないで授業で扱うようになってから数年が経過した。狭い入り口が少しでも広くなれば、高い垣根が少しでも低くなればと思う。そして行動分析学による人間理解の方法が豊かものであることに気づいてくれればと思う。ここには多くの仮想例を挙げたが、そうした例を通じて、たぶん人間にとって、誰かの役に立つことや誰かから必要とされることと並んで好子であるはずの'Eureka'を体験してもらえたなら望外の喜びである。

　最初に書いたように、私はいつまでもぐずぐずと重い腰を上げないままで、本文のほとんどは智富美が形にした。それでも本文の内容で問題があるとすればその責は私が問われるべきである。多くのご批判、ご意見をいただいて、今回のワークブックを、これから行動分析学を学ぼうとする多くの人に、よりわかりやすく、また誤りの少ない、とっつきやすいものに改善していきたい。私たちの願いは、単に技法を獲得するだけでなく、行動の原理を理解することで、自分自身や援助を必要とする人たちにより適切な働きかけができる人、つまり行動分析学をきちんと理解する人を、ひとりでも増やすことにある。

　最後に、学苑社の杉本さんには数多くのご助言をいただいた。また大切なつながりを通じて一樂恭子さんには素敵なイラストを描いていただいた。ここに記して感謝いたします。

2016年8月　吉野俊彦

文　　献

引用文献

Abramson, E. E. (1977). Behavioral approaches to weight control: An updated review. *Behaviour Research and Therapy*, **15**, 355-363.

安生祐治・山本淳一 (1991). 硬式野球におけるスローイング技能の改善：行動的コーチングの効果の分析　行動分析学研究, **6**, 3-22.

浅野俊夫 (2015). 地域と共に生きる(1) －地域通貨：トークン・エコノミーの実践－　行動分析学研究, **29**, 160.

Bolles, R. C. (1970). Species-specific defense reactions and avoidance learning. *Psychological Review*, **71**, 32-48.

Breland, K., & Breland, M. (1961). The misbehavior of organisms. *American Psychologist*, **16**, 681-684.

藤田益伸・長谷川芳典 (2003). 低カロリー食品選択行動を用いた減量プログラム　行動分析学研究, **18**, 3-9.

Garcia, J., & Koelling, R.A. (1966). Relation of cue to consequence in avoidance learning. *Psychonomic Science*, **4**, 123-124.

Harris, M. B., & Bruner, C. G. (1971). A comparison of a self-control and a contract procedure for weight control. *Behaviour Research and Therapy*, **9**, 347-354.

平澤紀子 (2009). 発達障害者の行動問題に対する支援方法における応用行動分析学の貢献：エビデンスに基づく権利保障を目指して　行動分析学研究, **23**, 33-45.

平澤紀子 (2015). 体罰をなくすために、ポジティブな行動支援から　行動分析学研究, **29**, 119-126.

Bailey, J., & Burch, M. (2005). *Ethics for Behavior Analysts (2nd Expanded Ed)*. Taylor & Francis. (ベイリー , J.・バーチ , M. 日本行動分析学会行動倫理研究会 (訳) (2015). 行動分析家の倫理―責任ある実践へのガイドライン　二瓶社)

兒島由佳・山崎仁寛・島宗理 (2012). 絵カードと身体的ガイダンスによって性器いじりの場所を限定する指導：小学部 1 年生の知的障害がある自閉症児を対象として　日本行動分析学会第 30 回年次大会発表論文集 , 79.

Lattal, K. A. (1992). B. F. Skinner and psychology: Introduction to the special issue. *American Psychologist*, **47**, 1269-1272.

Malott, R. (2012). *I'll Stop Procrastinating When I Get Around to It*. lulu.com

Mann, R. A. (1972). The behavior-therapeutic use of contingency contracting to control an adult behavior problem: Weight control. *Journal of Applied Behavior Analysis*, **5**, 99-109.

望月要・瀬戸優子・泉谷希光・佐藤方哉 (1992). 随伴性契約と栄養学的指導による減量プログラム 行動分析学研究, **7**, 41-52.

永冨大舗・吉野智富美・上村裕章 (2011). 特別支援学級のクラスマネジメントにトークンエコノミー法を導入した積極的行動支援の効果－疑似紙幣をトークンとして用いた着席行動をターゲットとしたクラスマネジメント－ 日本行動分析学会第29回大会発表論文集, 33.

中村有里・松見淳子 (2010). 行動的コーチングによるハンドボールのシュートフォームの改善 行動分析学研究, **24**, 54-58.

根木俊一・島宗理 (2010). 行動的コーチングによる合気道の技の改善 行動分析学研究, **24**, 59-65.

庭山和貴・松見淳子 (2012). 和服の着付けの改善のための訓練パッケージの効果：大学能楽部に所属する男子学生の紋付袴の着付けを対象として 行動分析学研究, **27**, 42-50.

大久保賢一 (2015). 児童生徒の行動問題に対する適正手続きとポジティブな行動支援 行動分析学研究, **29**, 127-141.

奥田健次 (2005). 不登校を示した高機能広汎性発達障害児への登校支援のための行動コンサルテーションの効果―トークン・エコノミー法と強化基準変更法を使った登校支援プログラム― 行動分析学研究, **20**, 2-12.

小野浩一 (1994). 迷信行動と言語：偽ルールとしての迷信 駒沢社会学研究, **26**, 59-83.

パヴロフ I. P. 川村浩 (訳) (1975). 大脳半球の働きについて〈上・下〉条件反射学 岩波文庫

Premack, D. (1965). Reinforcement theory. In M. R. Jones (Ed.), *Nebraska Symposium on Motivation*: 1965. Lincoln: Univ of Nebraska Press, pp.123-188.

Rachlin, H. (1980). *Behaviorism in Everyday Life*. Englewood Cliffs: Prentice- Hall.

Seligman, M. E. P., & Hager, J. L. (1972). *Biological boundaries of learning*. East Norwalk, CT: Appleton-Century-Crofts.

Skinner, B. F. (1937). Two types of conditioned reflex: A reply to Konorski and Miller. *Journal of General Psychology*, **16**, 272-279.

Skinner, B.F. (1947). 'Superstition' in the pigeon. *Journal of Experimental Psychology*, **38**, 168-172.

Skinner, B. F. (1957). *Verbal Behavior*. New York, NY: Appleton- Century- Crofts.

Skinner, B. F. (1958). Teaching machines. *Science*, **128**, 969-977.

Skinner, B.F. (1981). Selection by consequences. *Science*, **213**, 501-504.

文　献

嶋田あおい・清水直治・氏森英亞 (1999). ダウン症生徒におけるビデオモデリングを用いた買物スキルの形成に関する検討　行動分析学研究, **13**, 27-35.

島宗理・吉野俊彦・大久保賢一・奥田健次・杉山尚子・中島定彦・長谷川芳典・平澤紀子・眞邉一近・山本央子 (2015).　日本行動分析学会「体罰」に反対する声明　行動分析学研究, **29**, 96-107.

吉野俊彦 (2015).　反応抑制手続きとしての弱化：自己矛盾の行動随伴性　行動分析学研究, **29**, 108-118.

参考文献

Albert, P. A., & Troutman, A. C. (1998). *Applied Behavior Analysis for Teachers (5th ed)*. Englewood Cliffs: Prentice- Hall.（アルバート, P. A.・トルートマン, A. C.　佐久間徹・谷晋二・大野裕史（訳）(2004). はじめての応用行動分析　二瓶社）

伊藤正人 (2005). 行動と学習の心理学－日常生活を理解する　昭和堂

奥田健次 (2012). メリットの法則―行動分析学・実践編　集英社新書

小野浩一 (2005). 行動の基礎　豊かな人間理解のために　培風館

O'Donohue, W. T., & Ferguson, K. E. (2001). *The Psychology of B. F. Skinner*. Thousand Oaks, CA: Sage.（オドノヒュー, W. T.,・ファーガソン, K. E.　佐久間徹（監訳）(2005).　スキナーの心理学－応用行動分析学 (ABA) の誕生　二瓶社）

Reynolds, R.S. (1975). *A Primer of Operant Psychology*. Glenview, Il: Scott Foresman.（レイノルズ, R. S.　浅野俊夫（訳）(1978). オペラント心理学入門－行動分析への道（サイエンスライブラリ心理学 9）　サイエンス社）

杉山尚子 (2005).　行動分析学入門－ヒトの行動の思いがけない理由　集英社新書

杉山尚子・島宗理・佐藤方哉・マロット, R. W.・マロット, M. E. (1998).　行動分析学入門　産業図書

山本淳一・武藤崇・鎌倉やよい（編）(2015).　ケースで学ぶ行動分析学による問題解決　金剛出版

索　引

数字

1次性嫌子 …………………… 41
1次性好子 …………………… 41
1次性（生得性）強化子 ………… 41
1対1の対応関係 ……… 89, 90, 92, 94
2次性嫌子 …………………… 41
2次性好子 …………………… 41
2次性（習得性）強化子 ………… 41
3項随伴性 …………………… 73

A

active avoidance ……………… 83
adjunctive contingency ……… 42, 43
alternative reinforcer ………… 116
avoidance conditioning …… 82, 83, 98

B

backup reinforcer ………… 116, 147
backward chaining …………… 123
behaviour intrinsic contingency
　………………………………… 42, 43

C

chaining ………………… 123, 124
conditioned response (CR)
　………………………… 17, 20, 23, 24
conditioned stimulus (CS)
　………………………… 17, 20, 23, 24
contingency diagram …… 47, 50, 54,
　　56, 59, 69, 77, 79, 87, 88, 91,
　　126, 127, 128, 129, 135, 153
contingency-shaped behaviour
　………………………………… 96, 97
continuous reinforcement schedule
　………………………………… 85, 86

D

deprivation ………………… 44, 117
differential reinforcement … 125, 135,
　　136, 137, 139, 140, 143, 147
differential reinforcement of
　alternative behaviour (DRA)
　……………… 135, 137, 138, 140, 142

differential reinforcement of
　incompatible behaviour (DRI)
　……………………… 135, 140, 141, 142
differential reinforcement of other
　behaviour (DRO) ……… 135, 140,
　　141, 142
discriminative stimulus … 73, 89, 90,
　　92, 94, 97, 134
dishabituation ………………… 13

E

echoic …………………… 90, 92, 94
elicit ………………… 9, 20, 23, 26
emit ……………………… 9, 26
escape conditioning …………… 83
establishing operation
　………………………… 43, 44, 117, 153
extinction ………………… 20, 154
extinction burst ……… 61, 63, 86,
　　135, 137, 141
extinction-induced aggression
　………………………… 61, 63, 137
extinction-induced variability
　………………………………… 61, 135

F

fixed interval (FI) …………… 85, 86
fixed ratio (FR) ……………… 85, 86
forward chaining …………… 123
functional analysis
　………… 125, 126, 131, 132, 134, 135
functional assessment ………… 125

H

habituation …………………… 12

I

instrumental conditioning ………… 27
intermittent reinforcement schedule
　………………………………… 85
intraverbal …………………… 91, 92

L

learnt negative (aversive) reinforcer

.... 41
learnt positive reinforcer 41

M
mand 87, 94

N
negative punisher 40
negative punishment ... 48, 64, 66, 83, 144, 148
negative reinforcement ... 47, 58, 66, 70, 79, 83, 106, 112, 113, 129
negative reinforcer
...... 32, 37, 40, 41, 42, 44, 45, 50, 143
neutral stimulus (NS)
.... 12, 13, 17, 20, 24, 41, 82, 153

O
operant 9, 27, 31, 45, 131
operant conditioning
.... 26, 45, 50, 149
orienting response (OR) 12, 13, 16, 17
over correction 148

P
passive avoidance 83, 146
Pavlov 15, 16
Pavlovian conditioning ... 15, 16, 41, 56, 82, 149, 154
PDCA 143
permission contingency 78, 80
positive punisher 40
positive punishment ... 45, 48, 64, 66, 144, 147
positive reinforcement ... 45, 47, 58, 62, 66, 69, 70, 78, 95, 106, 107, 108, 110, 112, 127, 128
positive reinforcer 32, 37, 40, 41, 42, 44, 45, 50, 114, 115, 116
Premack's principle 115
preparedness 24
prevention contingency
.... 54, 77, 78, 80, 81, 82, 83, 98
primary negative (aversive) reinforcer
.... 41
primary positive reinforcer 41

products of behaviour 110
programmed instruction iii
punishment 35, 37, 38, 45, 64, 66, 67, 125, 144, 145, 146

R
recovery 64, 145, 146
reinforcement ... 29, 31, 32, 33, 37, 45, 57, 58, 62, 66, 69, 114, 117, 118, 123
reinforcer 40, 44, 50, 143
respondent 9, 26
response cost 147
response-reinforcer contingency
... 50, 55, 66, 67, 69, 77, 78, 79, 80, 81
rule-governed behaviour 96, 97, 98, 126

S
S^D（エスディ）.................. 73, 76
secondary negative (aversive) reinforcer 41
secondary positive reinforcer 41
sensitisation 13
shaping 118, 124, 143
Skinner .... iii, 27
spontaneous recovery 20, 63
stimulus control 68, 69, 73, 76
stimulus generalisation 23, 76
successive approximation
.... 118, 119, 120
superstitious behaviour 98
S^Δ（エスデルタ）......... 73, 76, 126

T
tact 88, 89, 94, 97
task analysis 121, 123, 124
three term contingency 73
time out 148
token-economy method
.... 115, 116, 147
topography 131

U
unconditioned response (UR)
.... 14, 17, 24
unconditioned stimulus (US)
.... 14, 17, 20, 24, 41, 82, 153

索　引

unlearnt negative (aversive) reinforcer
　　　　　　　　　　　　　　　　 41
unlearnt positive reinforcer ……… 41

V
variable interval (VI) …………… 85, 86
variable ratio (VR) ……………… 85, 86
verbal behavour ……………… 87, 94, 98

あ
アセスメント（査定）……… 126, 132, 143

い
嫌子消失による強化 ………………… 141
イントラバーバル（言語間制御）…… 91, 92

え
鋭敏化 ……………………………… 13
エコーイック（反響言語行動）… 90, 92, 94
エスディ …………………………… 73
エスデルタ ………………………… 73

お
応用行動分析学
　　　………………… 100, 101, 102, 132, 143
オーバーコレクション（過剰修正法）… 148
オペラント ………………………… 27
オペラント行動 …………… 9, 31, 45, 131
オペラント条件づけ …… 26, 45, 50, 149
おや何だ反応………… 12, 13, 16, 17

か
回避行動 …………………………… 82, 83
回避条件づけ ……………… 82, 83, 98
学習 ………………………………… 8, 149
確立操作 ……………… 43, 44, 117, 153
過剰修正法（オーバーコレクション）… 148
課題分析 …………………… 121, 123, 124
間欠強化スケジュール ……………… 85
感情 ………………………………… 8, 102

き
機能 ………………………………… 125, 131
機能的行動アセスメント …………… 125
機能分析 … 125, 126, 131, 132, 134, 135
逆向連鎖 …………………………… 123

ギャンブル行動 …………………… 86
強化 …… 29, 31, 32, 33, 37, 45, 57, 58,
　　　　　62, 66, 69, 114, 117, 118, 123
強化子 ……………………… 40, 44, 50, 143
強化スケジュール ………………… 85
許可の随伴性 ……………………… 78, 80

け
系統発生（進化）…………………… 14, 24
ケースフォーミュレーション … 126, 143
言語間制御（イントラバーバル）…… 91, 92
言語教示（言語指示）………………… 124
言語行動 ……………………… 87, 94, 98
嫌子 … 32, 37, 40, 41, 42, 44, 45, 50, 143
嫌子出現による弱化 ……… 48, 64, 66, 83,
　　　　　　　　　　　　　　　144, 148
嫌子出現の阻止による強化 ……… 81, 82,
　　　　　　　　　　　　　　　83, 98
嫌子消失による強化 … 47, 58, 66, 70, 79,
　　　　　　　　　83, 106, 112, 113, 129
嫌子消失の阻止による弱化 ……… 82

こ
攻撃行動 …………………………… 63
好子 …… 32, 37, 40, 41, 42, 44, 45, 50,
　　　　　　　　　　　　　114, 115, 116
好子出現による強化 ……… 45, 47, 58, 62,
　　　　　　66, 69, 70, 78, 95, 106, 107,
　　　　　　108, 110, 112, 127, 128
好子出現の阻止による弱化 ……… 82
好子消失による弱化 ……… 45, 48, 64, 66,
　　　　　　　　　　　　　　　144, 147
好子消失の阻止による強化 ……… 81
行動 ………………………………… 8, 87
行動形成 ……………… 104, 106, 116, 117,
　　　　　　　　　121, 123, 124, 140
行動契約 …………………………… 150
行動内在的強化随伴性 …………… 42, 43
行動の機能 ………………………… 132
行動の形態 ………………………… 131
行動の所産 ………………………… 110
行動の定義 ………………………… 8, 27
行動の変動性 ……………………… 118, 135
行動のユニット（単位）……………… 121
行動分析学 ………………………… 7, 100
行動変容 …………………………… 101, 137
行動療法 …………………………… 101

行動連鎖 …………………… 123, 124
高頻度行動 ………………………… 115
興奮性条件づけ ……… 16, 17, 20, 23, 24
個人攻撃のわな ……………… 6, 7, 102
個体発生 …………………………… 24
古典的条件づけ …………………… 16
コピーイング（書き写し行動）………… 87

さ
査定（アセスメント）…………… 126, 132

し
シェイピング（反応形成）… 118, 124, 143
視覚呈示 …………………………… 124
刺激性制御 ………………… 68, 69, 73, 76
刺激般化（オペラント条件づけ）……… 76
刺激般化（パヴロフ型条件づけ）……… 23
思考 ………………………………… 8
実験神経症 ………………………… 23
実験的行動分析学 ………………… 87
死人テスト ……… 8, 27, 54, 83, 104, 105
自発 …………………………… 9, 26
自発的回復 ……………………… 20, 63
遮断化 …………………………… 44, 117
弱化 ……………… 35, 37, 38, 45, 64, 66,
67, 125, 144, 145, 146
習得性嫌子 ………………………… 41
習得性好子 ………………………… 41
受動回避 ……………………… 83, 146
馴化 ………………………………… 12
順向連鎖 …………………………… 123
準備性 ……………………………… 24
消去（オペラント条件づけ）… 37, 55, 56,
57, 58, 59, 61, 63, 64, 66, 67, 69,
70, 71, 73, 78, 85, 86, 95, 98,
118, 125, 135, 136, 137, 140, 142, 147
消去（パヴロフ型条件づけ）… 20, 56, 154
消去抵抗 …………………… 83, 85, 86, 98
消去誘発性攻撃行動 ………… 61, 63, 137
消去誘発性行動変動 …………… 61, 135
条件刺激（CS）……………… 17, 20, 23, 24
条件反応（CR）……………… 17, 20, 23, 24
情動 ………………………………… 8
身体誘導（身体的ガイダンス）………… 124
心理検査 …………………………… 126

す
随伴性 ………………… 42, 50, 51, 77, 78
随伴性形成行動 ………………… 96, 97
随伴性ダイアグラム … 47, 50, 54, 56, 59,
69, 77, 79, 87, 88, 91, 126,
127, 128, 129, 135, 153
スキナー …………………………… iii, 27
スモールステップ … 121, 123, 124, 153

せ
生活スキル ………………………… 124
生得性嫌子 ………………………… 41
生得性好子 ………………………… 41
正の強化 ………………… 45, 47, 66, 118
正の強化子 ………………… 32, 37, 40
正の弱化 ……………………… 48, 66
正の弱化子 ………………………… 40
生物学的制約 ……………………… 24
漸次接近法 ……………… 118, 119, 120
選択 ………………………………… 24

そ
阻止の随伴性 ……………… 54, 77, 78, 80,
81, 82, 83, 98

た
ターゲット行動 ……………… 27, 104, 132
代替好子 …………………………… 116
代替行動分化強化（DRA）…… 135, 137,
138, 140, 142
体罰 …………………………… 144, 145
タイムアウト ……………………… 148
対立行動分化強化（DRI）…… 135, 140,
141, 142
タクト（報告言語行動）…… 88, 89, 94, 97
他行動分化強化（DRO）…… 135, 140,
141, 142
脱馴化 ……………………………… 13

ち
中性刺激（NS）……… 12, 13, 17, 20, 24,
41, 82, 153
直後状況 ……………………… 50, 59
直前状況 ……………………… 50, 59

て

定位反応（OR） ………… 12, 13, 16, 17
ディクティーション（書き取り行動）… 87
定時隔（FI） ……………………… 85, 86
定比率（FR） ……………………… 85, 86
低頻度行動 …………………………… 115
テクスチュアル（読字行動）………… 87

と

道具的条件づけ ……………………… 27
逃避行動 ……………………………… 83
逃避条件づけ ………………………… 83
トークン ……………………………… 116
トークンエコノミー法 …… 115, 116, 147
トートロジー（同義反復）
　……………………… 4, 5, 7, 26, 102

に

認知 ………………………… 8, 87, 149
認知行動療法 ………………………… 126

の

能動回避 ……………………………… 83

は

パヴロフ …………………………… 15, 16
パヴロフ型条件づけ ……… 15, 16, 41, 56,
　　　　　　　　　　　　82, 149, 154
罰 ……………………………………… 37
バックアップ好子 ………………… 116, 147
般化 …………………………………… 76
般化勾配 ……………………………… 23
反響言語行動（エコーイック）……… 90
般性好子 ………………… 89, 90, 92, 94
反応強化子随伴性 …… 50, 55, 66, 67, 69,
　　　　　　　　　　　77, 78, 79, 80, 81
反応のバースト …………… 61, 63, 86,
　　　　　　　　　　　　135, 137, 141

ひ

標的行動 …………………………… 27, 104

ふ

不安階層表 …………………………… 154
付加的強化随伴性 ………………… 42, 43
復帰 ………………………… 64, 145, 146

索 引

負の強化 ………………………… 47, 66, 83
負の強化子 ……………………… 32, 37, 40
負の弱化 ………………………… 45, 48, 66
負の弱化子 …………………………… 40
部分強化スケジュール ……………… 85, 86
プレマックの原理 …………………… 115
プログラム学習 ……………………… iii, iv
分化 …………………………………… 23
文化 …………………………………… 24
分化強化 ………… 125, 135, 136, 137, 139,
　　　　　　　　　　　　140, 143, 147

へ

変異 …………………………………… 24
変化率 ………………………………… 86
変時隔（VI） ……………………… 85, 86
変比率（VR） ……………………… 85, 86
弁別刺激（S^D） …… 73, 76, 89, 90, 92, 94,
　　　　　　　　　　　　97, 126, 134

ほ

報告言語行動（タクト）…………… 88, 89
飽和化（satiation）………… 44, 116, 117
本能的逸脱 …………………………… 24

ま

マンド（要求言語行動）…………… 87, 94

み

味覚嫌悪学習 ………………………… 24

む

無条件刺激（US） ………… 14, 17, 20, 24,
　　　　　　　　　　　　41, 82, 153
無条件反応（UR） ……………… 14, 17, 24

め

迷信行動 ……………………………… 98

も

目標行動 ……………………………… 104
モデリング …………………………… 124

ゆ

誘発 ………………………… 9, 20, 23, 26

167

よ

要求言語行動（マンド） ………………… 87
抑制性条件づけ ………………… 16, 20, 23

り

臨床行動分析 ………………………… 101
倫理 ……………………………… 146, 147

る

ルール ……………………………… 97, 98
ルール支配行動 ………… 96, 97, 98, 126

れ

レスポンスコスト ……………………… 147
レスポンデント行動 ………………… 9, 26
レスポンデント条件づけ ……………… 16
連続強化スケジュール ……………… 85, 86

著者

吉野智富美（よしの ちふみ）

行動コーチングアカデミー

公認心理師・臨床心理士

大学、大学院時代より精神障害や発達障害のある大人や子どもへの行動療法や家族療法について理論と実践を学ぶ。精神科クリニックにて、強迫性障害や不安障害、気分障害のある方々への行動療法、臨床行動分析に基づく介入を行ってきた。2011年にABAサービス&コンサルティングを立ち上げ、行動や発達に何らかの困難を示す子どもとその家族、教師へ応用行動分析学に基づく介入やペアレントトレーニング、スクールコンサルテーションなどのサービスを提供してきた。

吉野俊彦（よしの としひこ）

神戸親和大学特任教授　公認心理師・臨床心理士

研究テーマ：実験的行動分析（選択行動、価値割引事態を用いた強化と弱化との（非）対称性）、行動分析学に基づいた精神科領域における介入・臨床行動分析

早稲田大学大学院文学研究科心理学専修修士課程修了・博士後期課程単位取得満期退学。ユニヴァーシティ・カレッジ・ロンドン（UCL）大学院博士課程修了・博士（ロンドン大学）。ウェストバージニア大学（ケノン・A・ラッタル）、サセックス大学（グラハム・デイヴィ）客員研究員。

装丁　**有泉武己**　／　イラスト　**一樂恭子**

プログラム学習で学ぶ
行動分析学ワークブック　　　　　　　　　©2016

2016年9月25日　初版第1刷発行
2025年4月1日　初版第7刷発行

　　　　　　編著者　吉野智富美・吉野俊彦
　　　　　　発行者　杉本哲也
　　　　　　発行所　株式会社　学苑社
　　　　　　　　　　東京都千代田区富士見2-10-2
　　　　　　電話(代)　03（3263）3817
　　　　　　fax.　　03（3263）2410
　　　　　　振替　　00100-7-177379
　　　　　　印刷・製本　藤原印刷株式会社

検印省略　　　乱丁落丁はお取り替えいたします。
　　　　　　　　定価はカバーに表示してあります。

ISBN978-4-7614-0783-4　C3011

応用行動分析学（ABA）

応用行動分析学（ABA）テキストブック
基礎知識から保育・学校・福祉場面への応用まで

野呂文行【監修】
永冨大舗・朝岡寛史【編著】

B5判●定価 3960 円

多くの演習問題から学ぶことができ、授業や研修会のテキストとしても最適な応用行動分析学（ABA）を学ぶための入門書。

応用行動分析学（ABA）

ABA 早期療育プログラム
DTT の理解と実践

一般社団法人
東京 ABA 発達支援協会【監修】
橘川佳奈【編著】

B5判●定価 2640 円

子どもの集中力を高め、課題をスモールステップで取り組むDTT（ディスクリート・トライアル・トレーニング）を実践するための1冊。

幼児支援

保育者ができる **気になる行動を示す幼児への支援**
応用行動分析学に基づく実践ガイドブック

野呂文行・高橋雅江【監修】
永冨大舗・原口英之【編著】

B5判●定価 2090 円

現場で子どもたちの示す問題に関する事例を示しながら、問題解決に必要な、行動を分析する方法を応用行動分析学の視点から解説。

応用行動分析学（ABA）

VB 指導法
発達障がいのある子のための
言語・コミュニケーション指導

メアリー・リンチ・バーベラ【著】
杉山尚子【監訳】
上村裕章【訳】

A5判●定価 3740 円

ABA（応用行動分析学）に基づいたVB（言語行動）指導法について、わかりやすく解説。すぐに実践できるプログラムを紹介。

応用行動分析学（ABA）

施設職員 ABA 支援入門
行動障害のある人へのアプローチ

村本浄司【著】

A5判●定価 2750 円

強度行動障害に取り組む施設職員待望の1冊！ 紹介される理論と方法とアイデアには、著者の長年の実践研究の裏付けがある。

いじめ

いじめ防止の 3 R
すべての子どもへのいじめの予防と対処

ロリ・アーンスパーガー【著】
奥田健次【監訳】
冬崎友理【訳】

A5判●定価 3300 円

「認識すること（Recognize）、対応すること（Respond）、報告すること（Report）」という3Rの枠組みを中心に導入方法を解説。

税10％込みの価格です

 学苑社　Tel 03-3263-3817　〒102-0071 東京都千代田区富士見 2-10-2
Fax 03-3263-2410　E-mail: info@gakuensha.co.jp　https://www.gakuensha.co.jp/